유튜브 선생님에게 배우는

유·선·배 컴퓨터그래픽기능사 필기 합격노트

저자 직강 **무료 동영상 강의** 제공

빠른 합격을 위한 맞춤 학습 전략을
무료로 경험해 보세요.

| 혼자 하기 어려운 공부, 도움이 필요할 때 | 체계적인 커리큘럼으로 공부하고 싶을 때 | 온라인 강의를 무료로 듣고 싶을 때 |

 김가은 선생님의 쉽고 친절한 강의,
지금 바로 확인하세요!

 | 디자인툴스 |

머리말

디지털 환경의 발전으로 컴퓨터그래픽의 중요성은 더욱 커지고 있으며, 지금은 전공에 관계 없이 필수적인 역량이 되고 있습니다. 특히, AI 기반 디자인 도구가 등장하면서 누구나 손쉽게 콘텐츠를 제작할 수 있는 환경이 조성되었지만, 아이디어를 시각적으로 표현하는 창의력은 차별화된 요소로 여전히 중요한 부분입니다. 그리고 변화하는 디자인 트렌드를 이해하고 최신 기술을 활용하는 것은 개인의 경쟁력을 높이는 데 필수적입니다.

컴퓨터그래픽기능사 자격증은 디자인 전공자에게는 전문성을 인정받아 취업과 경력 개발에 유리한 요소가 되며, 비전공자에게는 개인 브랜딩과 다양한 사업 영역에서 경쟁력 있는 콘텐츠를 제작하는 데 활용할 수 있습니다.

이 책은 컴퓨터그래픽기능사 필기 시험을 준비하는 분들을 위해 NCS(국가직무능력표준)를 기반으로 필수적이고 핵심적인 개념을 정리하고, 다양한 문제에 적응할 수 있도록 구성하였습니다.

새로운 도전을 앞둔 순간 설렘과 불안이 함께할 수 있습니다. 저 역시 같은 길을 걸어왔기에 여러분이 그 어려움을 극복하고 자신감을 쌓을 수 있도록 돕고자 이 책을 집필하였습니다.

개인마다 적응하는 속도는 다릅니다. 자신의 속도대로 꾸준히 나아가다 보면 어느새 목표에 도달한 자신을 발견하게 될 것입니다. 이 책과 함께 차근차근 학습하며 목표를 향한 여정을 만들어 가시길 바랍니다.

여러분의 도전을 진심으로 응원합니다!

저자 **김가은**

자격증·공무원·금융/보험·면허증·언어/외국어·검정고시/독학사·기업체/취업
이 시대의 모든 합격! 시대에듀에서 합격하세요!
www.youtube.com ➡ '디자인툴스' 검색 ➡ 구독

시험안내

※ 정확한 시험 일정 및 세부사항에 대해서는 시행처에서 반드시 확인하시기 바랍니다.

응시료 및 응시자격

구분	응시료	응시자격
필기	14,500원	제한 없음
실기	23,700원	

검정방법

구분	문항 및 시험방법	시험 시간	합격 기준
필기	1. 시각디자인일반 2. 컴퓨터그래픽스	1시간	100점 만점 60점 이상
실기	컴퓨터그래픽 실무 작업	3시간 30분 내외	

필기시험 일정

회차	원서접수	시험일	합격자 발표
정기 기능사 1회	01.06~01.09	01.21~01.25	02.06
정기 기능사 2회	03.17~03.21	04.05~04.10	04.16
정기 기능사 3회	06.09~06.12	06.28~07.03	07.16
정기 기능사 4회	08.25~08.28	09.20~09.25	10.15

이 책의 구성과 특징

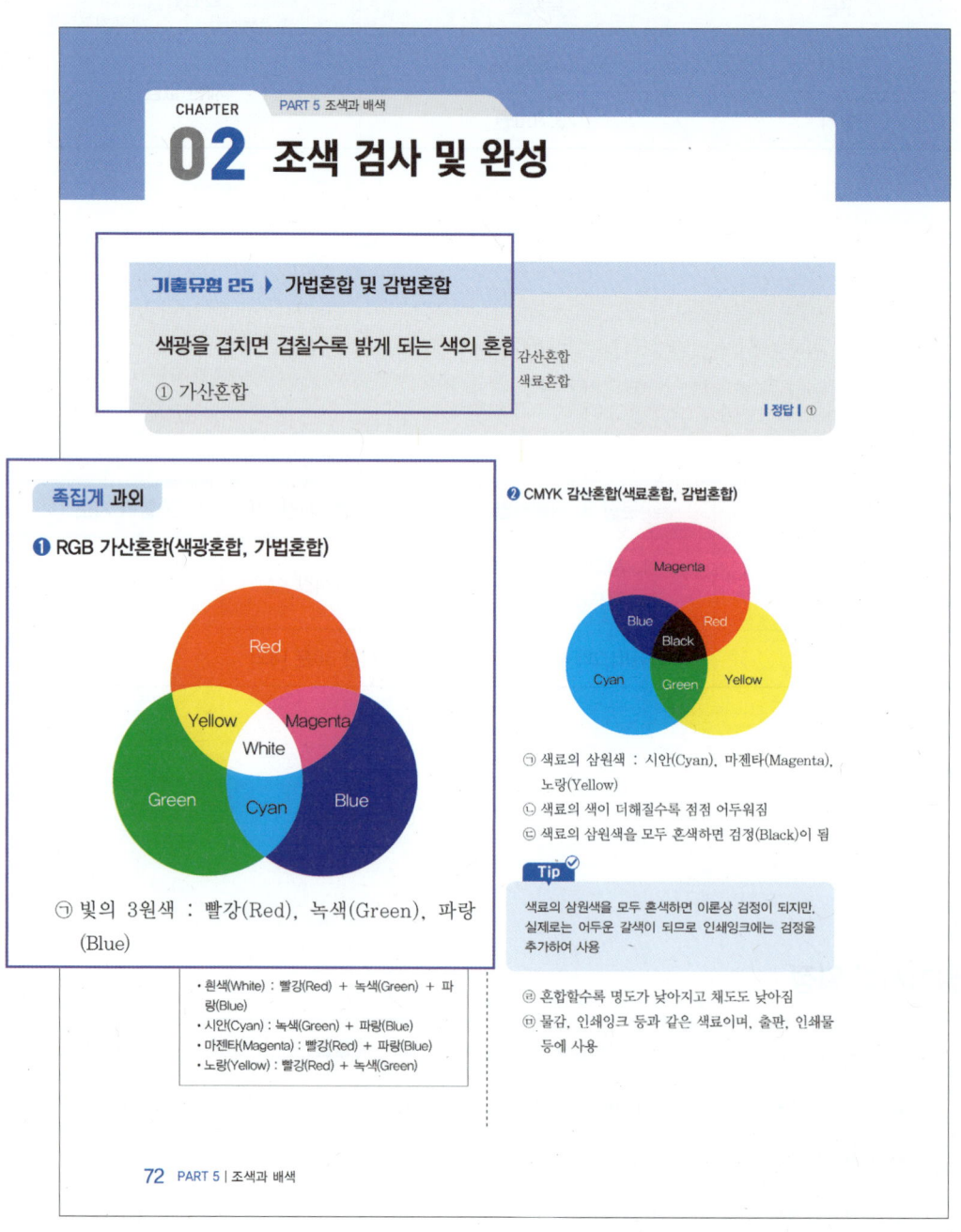

▶ 방대하게만 느껴지는 이론! 어떻게 출제되는지 재빠른 확인이 가능하도록 기출문제를 분석하여 40개의 대표 기출유형을 수록하였습니다. 족집게 과외를 통해 유사한 유형의 기출문제도 내 것으로 만들 수 있습니다.

같은 유형의 문제를 모아 기출유형 완성하기

기출유형 완성하기

정답 01 ① 02 ② 03 ② 04 ④ 05 ②

01 타이포그래피의 가독성에 관한 설명으로 옳은 것은?
① 판독성이 높은 활자 꼴이라도 짜임이나 배치가 좋지 못하면 읽기 어려워질 수도 있다.
② 한글의 경우는 영문의 경우보다 조금 더 행간을 좁혀야 가독성이 높아진다.
③ 영문의 경우 모두 다 대문자로 이루어진 문장보다 대소문자 섞여 있는 문장이 가독성을 떨어뜨린다.
④ 본문의 오른쪽 맞추기 정렬 방법을 취했을 때 가독성이 높아진다.

해설
판독성이 높은 활자라도 문자의 짜임이나 배치가 불안정하거나 비효율적이면 읽기 어려울 수 있다.

02 다음이 설명하는 서체는 무엇인가?

> 국문이나 한자 서체의 일종으로, 가로선이 세로선보다 가늘다. 세리프(Serif)가 있는 글씨체를 말하며, 다른 글자체에 비해 비교적 가독성이 높고 주로 본문용으로 사용되어진다.

① 고딕체
② 명조체
③ 그래픽체
④ 헤드라인체

해설
명조체는 세로선이 가로선보다 가늘고, 세리프(Serif)가 있는 서체로 가독성이 높아 주로 본문용으로 사용되며, 고딕체는 세리프가 없는 서체이다.

03 컴퓨터그래픽에서 고가의 폰트 박스 없이 저렴하게 고품질을 사용하고자 애플컴퓨터와 마이크로소프트가 공동으로 개발한 디지털 폰트 포맷은?
① 포스트 스크립트(Postscript)
② 트루 타입 폰트(True Type Font)
③ CID-Keyed 폰트
④ 오픈 타입 폰트(Open Type Font)

해설
• 트루 타입 폰트 : 애플과 마이크로소프트가 개발한 저렴한 고품질 폰트
• 오픈 타입 폰트 : 트루 타입을 확장한 포맷으로 더 많은 기능을 제공

04 다음 중 글자를 굵게 표시하도록 해주는 속성은?
① Outline
② Underline
③ Italic
④ Bold

해설
① 글자에 외곽선 추가
② 글자 아래에 밑줄 추가
③ 글자에 기울기를 줌

05 다음 중 문자의 결속력과 읽기 속도에 영향을 미치는 요소로 옳은 것은?
① 행간
② 자간
③ 문단 여백
④ 텍스트 정렬

해설
자간은 문자의 간격을 조절하여 결속력과 읽기 속도에 영향을 주고, 행간, 문단 여백, 텍스트 정렬은 레이아웃과 가독성에 영향을 준다.

▶ 많은 문제를 푸는 것보다 중요한 것은 한 문제를 정확히 파악하고 이해하는 것입니다. 빈틈없는 학습이 가능하도록 같은 유형의 실제 기출문제를 모아 수록했습니다. 문제은행 방식의 시험에서 실제 복원한 기출문제를 통해 유형을 완벽하게 이해할 수 있습니다.

이 책의 구성과 특징

적중예상 모의고사로 실전 감각 익히기

CHAPTER PART 7 적중예상 모의고사

03 적중예상 모의고사 3회

01 창의적인 아이디어 발상에서 문제를 다각적으로 분석하여 다양한 해결 방안을 도출하는 사고방식은?

① 수렴적 사고
② 연역적 사고
③ 확산적 사고
④ 귀납적 사고

해설
확산적 사고는 문제를 다양한 관점에서 분석하여 여러 해결책을 찾아내는 창의적인 사고방식이다.

02 다음 중 일반적으로 초기에 영역 구분과 구체성에 구애받지 않고 수행하는 발산적 아이디어 발상법은?

① 체크리스트법
② 브레인스토밍법
③ 시네틱스법
④ 탐색영역의 확대

해설
브레인스토밍법은 제한 없이 자유롭게 다양한 아이디어를 발산하는 방식이다.

03 브레인스토밍 회의기법의 원칙에 어긋나는 것은?

① 아이디어에 대한 비판 금지
② 자유로운 발언 추구
④ 다른 아이디어와의 결합 및 개선

해설
브레인스토밍은 다양한 아이디어를 많이 제시하는 것이 중요하며, 하나의 아이디어에만 집중하는 것은 원칙에 어긋난다.

04 아이디어 구체화를 위한 자료 분석에서 가장 중요한 것은?

① 자료의 양
② 자료의 최신성
③ 자료의 신뢰성 및 타당성
④ 자료의 출처

해설
아이디어 구체화를 위해서는 정확하고 믿을 만한 자료가 아이디어의 실행 가능성을 높여준다.

05 디자인에서 이미지를 전달하기 위한 표현기법의 첫 단계는?

① 포토 리터칭(Photo Retouching)
② 모델링(Modeling)
③ 렌더링(Rendering)
④ 아이디어 스케치(Idea Sketch)

해설
아이디어 스케치는 이미지를 전달하기 위한 표현기법의 첫 단계로, 초기 아이디어를 빠르게 시각화하는 데 사용된다.

06 콤프 스케치를 만드는 데 있어서 가장 중요한 요소는?

① 시간 절약
② 세부적인 디테일과 구체성
③ 여러 아이디어를 빠르게 스케치하는 것
④ 시각적 구성의 대략적인 레이아웃

해설
콤프 스케치는 세부적인 디테일과 구체적인 표현을 통해 디자인을 보다 명확하게 전달하는 데 중점을 둔다.

01 ③ 02 ② 03 ④ 04 ③ 05 ④ 06 ② **정답**

▶ 컴퓨터그래픽기능사 필기 시험의 노하우를 가진 저자가 출제경향을 분석하여 실제 시험과 비슷한 수준으로 문제를 생성하였습니다. 적중예상 모의고사를 풀면서 실전 감각을 익히고 어떤 문제가 출제될지 예측할 수 있습니다.

상세한 해설로 실력 다지기

07 시각적 학습을 위한 이미지 구상에서 가장 중요한 요소는?
① 이미지의 색상 조합
② 복잡한 디테일과 정확한 묘사
③ 핵심 개념을 명확하게 전달하는 시각적 구성
④ 이미지의 크기와 해상도

해설
시각적 학습을 위한 이미지 구상에서는 학습자들이 정보를 쉽게 이해할 수 있도록 핵심 개념을 명확히 전달하는 것이 중요하다.

08 다음 중 반복, 점이, 방사 등에 의해 동적인 활기를 느낄 수 있는 디자인 원리는?
① 조화
② 리듬
③ 비례
④ 균형

해설
리듬은 반복, 점이, 방사 등을 통해 동적인 활기를 느끼게 하는 디자인 원리로 시각적 흐름을 형성하여 생동감을 준다.

09 디자인의 조형 원리인 균형과 관련이 없는 것은?
① 비대칭
② 반복
③ 주도와 종속
④ 비례

해설
균형은 주로 비대칭, 주도와 종속, 비례와 관련이 있으며, 반복은 리듬의 조형 원리와 관계가 있다.

10 다음 중 이념적 형태에 해당하는 것은?
① 자연형태
② 인위형태
③ 구상적 형태
④ 순수형태

해설
이념적 형태는 본질적이고 개념적인 특성을 강조하며, 순수형태가 그 대표적인 예다.

11 다음 그림에서 'ㄱ'의 끊어진 부분이 'ㄴ'처럼 완전한 형으로 인식되는 것은 게슈탈트 법칙 중 어느 것에 해당하는가?

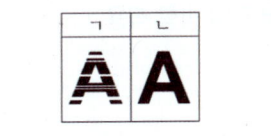

① 단순성의 법칙
② 연속성의 법칙
③ 유사성의 법칙
④ 폐쇄성의 법칙

해설
폐쇄성의 법칙은 시각적으로 불완전한 형태가 완전한 형태로 인식되는 원리이다.

12 면을 포지티브(Positive)한 면과 네거티브(Negative)한 면으로 구분할 때, 다음 중 포지티브한 면이 성립되는 것은?
① 점의 확대
② 선의 집합
③ 선으로 둘러싸인 것
④ 점의 밀집

해설
포지티브 면은 특정 형태를 가진 요소로, 점의 확대는 면적을 형성해 포지티브 면이 된다.

정답 07 ③ 08 ② 09 ② 10 ④ 11 ④ 12 ①

▶ 한 문제, 한 문제마다 완벽하고 상세한 해설을 수록했습니다. 자세하고 꼼꼼한 해설을 통해 모르는 문제도 충분히 해결할 수 있습니다. 문제를 풀고 해설을 통해 한 번 더 복습해 보세요.

이 책의 목차

PART 1
비주얼 아이데이션 구상과 전개

CHAPTER 1 아이디어 구상 및 전개   2
CHAPTER 2 아이디어 스케치 구상 및 전개   9
CHAPTER 3 비주얼 방향 구상 및 전개   14

PART 2
비주얼 아이데이션 적용

CHAPTER 1 아이디어와 스케치 적용   24
CHAPTER 2 비주얼 방향 적용   27

PART 3
시안 디자인 개발 기초

CHAPTER 1 시안 개발계획 수립   36
CHAPTER 2 아트워크   43

PART 4
시안 디자인 개발 응용

CHAPTER 1 시안 개발 응용   52
CHAPTER 2 아트워크 응용   55
CHAPTER 3 베리에이션 좁히기   63

PART 5
조색과 배색

CHAPTER 1 목표 색 분석 및 색 혼합   68
CHAPTER 2 조색 검사 및 완성   72
CHAPTER 3 색채계획서 작성 및 배색 조합   75
CHAPTER 4 배색 적용 의도 작성   82

PART 6
2D 그래픽 제작

CHAPTER 1 2D 이미지 제작   96
CHAPTER 2 2D 이미지 합성 · 보정   105
CHAPTER 3 타이포그래피   110

PART 7
적중예상 모의고사

CHAPTER 1 적중예상 모의고사 1회   116
CHAPTER 2 적중예상 모의고사 2회   126
CHAPTER 3 적중예상 모의고사 3회   136

PART 1
비주얼 아이데이션 구상과 전개

CHAPTER 01 아이디어 구상 및 전개

CHAPTER 02 아이디어 스케치 구상 및 전개

CHAPTER 03 비주얼 방향 구상 및 전개

CHAPTER 01 아이디어 구상 및 전개

PART 1 비주얼 아이데이션 구상과 전개

기출유형 01 ▶ 아이디어 발상 개요

아이디어 발상 시 디자이너가 갖추어야 할 역량으로 거리가 먼 것은?

① 창의력
② 커뮤니케이션 능력
③ 시각화 예측 능력
④ 자기 규제 능력

| 정답 | ④

족집게 과외

❶ 아이디어 발상 개요

㉠ 디자인 콘셉트를 위한 창의적 아이디어 발상
- 창의력과 경험으로 작품을 전개
- 클라이언트 니즈, 마케팅 전략, 소비 트렌드 등 시장 상황 반영
- 조사 자료에서 유의미한 정보 추출
- 개인과 팀의 아이디어 융합

㉡ 아이디어 발상의 개요
- 아이디어 발상은 창의력, 커뮤니케이션, 시각화 예측 능력에 기반
- 창의적 아이디어는 자유 연상과 데이터 수렴으로 구분
- 초기 아이디어는 자유 연상의 콘셉트 구체화 단계에서 조사 데이터를 기반으로 진행

❷ 아이디어 발상 방법

㉠ 아이디어 발상을 위한 방법
- 아이디어 발상은 기존 개념의 융합
- 시각화 발상법 : 확산, 수렴, 통합기법
- 심리학자 길포드(J.P. Guilford)는 창의적 사고가 확산적·수렴적 사고의 반복이라고 설명함

㉡ 아이디어 발상법의 분류

확산기법	브레인스토밍법, 브레인라이팅법, 마인드맵, 열거법
	체크리스트법, 매트릭스법
	시네틱스법
수렴기법	상하위관계 분석법, 계통도, 연관도, 시나리오 라이팅법, 카드 분류법
통합기법	워크 디자인법, 매트릭스, 구조화 분석법 등

- 브레인스토밍 : 자유로운 발상으로 아이디어 창출
- 브레인라이팅 : 브레인스토밍과 유사, 글로 아이디어 공유
- 마인드맵 : 연관된 개념을 시각적으로 정리
- 체크리스트 : 질문을 통해 아이디어 확장
- 시네틱스 : 비유와 유추를 활용한 아이디어 도출
- 계통도 : 복잡한 시스템을 시각적으로 표현한 다이어그램
- 워크디자인 : 작업이나 업무를 효율적으로 구성하기 위한 계획 및 설계

Tip

- 확산기법 : 다양한 관점에서 많은 아이디어를 빠르게 도출
- 수렴기법 : 아이디어를 정리해 의미 있는 정보로 구조화
- 통합기법 : 확산과 수렴을 반복해 목적에 맞는 아이디어를 구체화

기출유형 완성하기

정답 01 ③ 02 ② 03 ④ 04 ① 05 ③

01 다음 중 아이디어 발상을 저해하는 요인이 아닌 것은?

① 고정관념
② 선입관
③ 다양한 발상
④ 자기 규제

해설
다양한 발상은 사고의 폭을 넓혀 창의적 아이디어 도출을 촉진한다.

02 디자인 콘셉트를 위한 창의적인 아이디어 발상과 거리가 먼 것은?

① 시각디자인 프로젝트는 시장 트렌드를 고려하여 아이디어를 도출해야 한다.
② 디자이너 개인의 주관적 의견만 중시하여 프로젝트를 진행한다.
③ 조사 자료를 정확하게 파악하고 유의미한 정보를 추출한다.
④ 시각 예술가는 창의력, 세계관, 조형적인 경험을 통해 작품을 전개한다.

해설
창의적인 아이디어 발상을 위해 디자이너 개인의 아이디어와 협업을 통한 팀 아이디어가 적절히 융합되어야 한다.

03 아이디어 발상 방법이 아닌 것은?

① 확산기법
② 수렴기법
③ 통합기법
④ 병치기법

해설
병치기법은 서로 다른 요소를 나란히 배치하여 비교하거나 조합하는 방법으로, 아이디어 발상 방법으로는 적합하지 않다.

04 다음을 제시한 학자는?

> 창의적 사고가 '확산적 사고'와 '수렴적 사고'를 반복하며 일어난다.

① 길포드
② 게슈탈트
③ 헬름홀츠
④ 저드

해설
심리학자 길포드(J.P. Guilford)는 창의적 사고의 주요 요소로, 확산적 사고(아이디어를 다양하게 발산하는 과정)와 수렴적 사고(아이디어를 평가하고 하나의 해결책으로 좁히는 과정)를 제시했다.

05 다음을 설명하는 아이디어 기법 영역은?

> 기존 논리에 의존하지 않고 다양한 관점에서 빠르게 많은 아이디어를 도출하는 방법

① 카드 분류법
② 구조화 분석법
③ 확산기법
④ 수렴기법

해설
카드 분류법은 수렴기법, 구조화 분석법은 통합기법에 속하는 발상법의 종류이다.

기출유형 02 ▶ 아이디어 발상 영역

미국의 알렉스 오스본이 창안한 효율적인 아이디어 발상법으로서 자유로운 발언을 하는 과정에서 새로운 아이디어를 얻는 방법은?

① 체크리스트법
② 시네틱스
③ 브레인스토밍
④ 관찰법

| 정답 | ③

족집게 과외

❶ 자유로운 연상에 의한 아이디어 구상

> 1. 관련 이미지와 문헌 자료 검색
> 2. 마인드맵을 통한 키워드 추출
> 3. 브레인스토밍

㉠ 초기 아이디어는 온라인 검색, 마인드맵, 브레인스토밍으로 자유롭게 발상
㉡ 키워드와 스케치로 아이디어 기록은 시각적 브레인스토밍에 유용

❷ 설정된 콘셉트에 의한 아이디어 구상

㉠ 디자인 콘셉트 수립 과정
 • 1단계 : 브레인스토밍 단계
 • 2단계 : 키워드 추출 단계
 • 3단계 : 핵심 키워드 도출 단계
 • 4단계 : 디자인 콘셉트 수립 단계
㉡ 조사와 브레인스토밍으로 수립된 콘셉트는 시각적 커뮤니케이션의 핵심 근거
㉢ 콘셉트를 바탕으로 아이디어 스케치를 진행해 결과물을 예측

❸ 브레인스토밍(Brain Storming) – 아이디어 발상

㉠ 1953년 알렉스 오스본(Alex F. Osborn)에 의해 개발된 집단 토의식 아이디어 발상법
㉡ 브레인스토밍의 원칙
 • 참여 구성원의 아이디어 비판 금지
 • 자유로운 발상
 • 많은 양의 아이디어 양산
 • 짧은 시간에 조사 단계 없이 수집
 • 제안된 아이디어의 결합과 개선

❹ 어피니티 다이어그램(Affinity Diagram) – 키워드 그룹핑

㉠ 아이디어 정리 방법 : 친화도 분석
㉡ 키워드 중심의 아이디어를 수렴하고 데이터를 체계화하는 방식

❺ 스캠퍼(SCAMPER) – 아이디어 확장

㉠ 밥 에이벌(Bob Eberle)에 의해 개발된 '7가지 아이디어 발굴 키워드'를 이용한 발상법
㉡ 스캠퍼의 질문 영역

S	대체(Substitute)
C	결합(Combine)
A	변경(Adapt)
M	수정(Modify)
P	타용도 사용(Put to other uses)
E	제거(Eliminate)
R	순서 바꾸기(Reverse)

❻ **아이디어 발상을 위한 태도**
  ㉠ 아이디어 도출과 소비자 및 환경조사를 통한 디자인 콘셉트의 시각화
  ㉡ 새로운 이미지 창작보다 조사 결과와 핵심 키워드를 융합하여 적합한 의미 창출이 중요
  ㉢ 디자인 콘셉트 설정에는 융합적 사고와 세심한 자료 수집 태도가 필요
  ㉣ 자료 수집자는 디자인 개발 목적을 창의적으로 가시화하기 위해 다양한 자료에 접근하여 콘셉트를 도출
  ㉤ 추출된 초기 아이디어를 계열화하는 창발적 사고 태도가 필요

> **Tip**
>
> **창발적 사고(Emergent Thinking)**
> 아이디어 창출 과정에서 다양한 요소들이 상호작용하며 자발적으로 발생하는 창의적이고 예측 불가능한 사고방식

기출유형 완성하기

정답 01 ③ 02 ② 03 ① 04 ④ 05 ④

01 신제품 개발에 있어서 집단사고에 의한 자유분방한 아이디어를 창출하는 방법은?

① 입출력법
② 문제분석법
③ 브레인스토밍법
④ 특성열거법

해설
① 입력(Input)과 출력(Output)을 분석하여 문제를 해결하는 접근 방식
② 문제를 구체적으로 분석하여 해결책을 제시하는 방법
④ 문제의 특성을 나열하고, 각 특성에 대해 해결책을 도출하는 방법

02 아이디어 발상법 중 하나인 브레인스토밍(Brain Storming)의 설명 중 잘못된 것은?

① 발상의 연쇄적 효과를 노리는 것이다.
② 아이디어가 제시될 때마다 평가한다.
③ 질(質)보다 양(量)이 중요하다.
④ 다른 사람의 아이디어를 활용한다.

해설
아이디어를 제시할 때 평가하거나 비판하지 않는 것이 브레인스토밍의 핵심 원칙 중 하나이다.

03 디자인 행위 중 가장 중요한 단계는?

① 아이디어 발상 단계
② 시각화 단계
③ 구체화 단계
④ 제시 단계

해설
아이디어 발상 단계는 창의적이고 혁신적인 아이디어를 생성하기 때문에 가장 중요하며, 이후 시각화와 구체화 단계를 통해 아이디어를 발전시킨다.

04 브레인스토밍(Brain Storming)의 발상 기법에 대한 설명으로 옳은 것은?

① 머리 속에 저장된 아이디어를 혼자 발전시켜 표현하는 기법
② 각 사람들의 아이디어를 상급자에게 보고하는 기법
③ 조직 내 상급자의 아이디어를 발전시켜 표현하는 기법
④ 그룹을 구성하여 자유롭게 아이디어를 발산하는 기법

해설
브레인스토밍은 그룹을 구성하여 자유롭게 아이디어를 발산하는 기법으로, 많은 양의 다양한 아이디어를 수집할 수 있다.

05 회의에서 아이디어를 수집한 후, 공통된 주제나 패턴을 찾기 위해 아이디어를 분류하는 기법으로 가장 적합한 것은?

① SWOT 분석
② 스캠퍼
③ 브레인스토밍
④ 어피니티 다이어그램

해설
① 조직의 강점, 약점, 기회, 위협을 평가하는 방법
② 기존 제품이나 아이디어를 개선하기 위한 방법론을 제시하는 기법
③ 자유롭게 아이디어를 제시하는 아이디어 도출 방법

기출유형 03 ▶ 아이디어 자료 수집 방법

디자인 콘셉트 개발을 위한 자료 수집 방법으로 가장 적절한 것은?
① 팀 회의 ② 경쟁사 웹사이트 분석
③ 문헌 조사 ④ 고객 인터뷰

| 정답 | ③

족집게 과외

❶ 아이디어 전개를 위한 자료의 활용

㉠ 아이디어 전개를 위한 자료 수집
- 아이디어는 일상생활에서 수집한 자료를 통해 생성
- 아이데이션의 범위와 표현 방법을 예측하고 시각 자료 검색을 통한 체계화
- 이미지와 텍스트 아카이브 구축

Tip ✓
- 아카이브(Archive) : 파일이나 데이터(예 사진, 영상, 문서 등)를 체계적으로 보존하고 관리하는 디지털 장소
- 텍스트 아카이브(Text Archive) : 다양한 텍스트 자료를 체계적으로 보존하고 관리하는 디지털 장소

㉡ 아이디어의 구체화를 위한 자료
- 지속적인 아카이브 구축
- 자료 정리(영역을 쉽게 파악하고 배치 방식을 예측할 수 있음)
- 수집 자료 : 사진, 일러스트레이션, 웹 UI 이미지, 정보그래픽 이미지 등
- 이미지는 풍부한 아이디어 소스를 위해 넓은 범위로 검색하고 체계화

㉢ 시장 자료 검색을 통한 아이디어 도출
- 시장 경향과 소비자 동향을 파악하여 효과적인 시각적 커뮤니케이션을 촉진
- 시장 자료 검색은 아이데이션을 위한 중요한 자료수집 단계
- 경쟁 기업과 디자인 및 서비스의 특징점에 대한 시각 자료를 수집

❷ 아이디어 도출을 위한 자료 수집 경로

㉠ 문헌 조사 및 서적
- 콘텐츠에 쉽게 접근하여 전문적 자료를 검색할 수 있는 일반적인 수집 경로
- 물리적으로 먼 장소에 있는 자료는 접근성이 낮음
- 신뢰할 수 있는 객관적 정보를 제공하므로 디자인 콘셉트 개발에 적합

㉡ 웹사이트
- 디자인 트렌드와 소비 정보는 웹에서 쉽게 얻을 수 있음
- 웹 검색 정보를 항목별로 분류해 콘셉트 요소를 정리
- 초기 아이데이션 단계에서는 포털과 SNS로 키워드화 할 자료를 수집
- 시각화 단계에서는 시각적 자료 제공 웹사이트를 활용

㉢ 방송 · 전시회 · 강연 등
- 전시, 강연 방문과 방송 미디어를 통해 직접 자료를 수집
- 자주 업데이트되는 온라인 콘텐츠는 최신 이슈와 트렌드를 파악해 유연한 아이데이션에 유용

❸ 수집 자료의 체계화 방법

㉠ 컴퓨터 자료 정리
㉡ 스크랩북 작성
㉢ 파일철 활용
㉣ 무드보드 작성

기출유형 완성하기

정답 01 ④ 02 ③ 03 ② 04 ② 05 ①

01 디자인 측면에서 고려해야 할 사항과 거리가 먼 것은?

① 자원의 보존과 재생, 환경 문제
② 사회 복지와 구호 문제
③ 인구의 공간 문제와 교육 문제
④ 부유층의 고급 취향 표현 문제

해설
④ 개인적 취향을 반영하는 것에 가까워 일반적인 디자인 고려 사항으로 보기 어렵다.
①·②·③ 디자인 측면에서 고려해야 할 사항들은 일반적으로 환경 문제, 사회적 복지, 공간과 교육 문제이다.

02 다음 중 디자인 콘셉트 개발을 위한 객관적 자료 수집 방법으로 적합한 것은?

① 브레인스토밍
② 마인드맵
③ 문헌 조사
④ 개인 경험

해설
문헌 조사는 신뢰할 수 있는 객관적 정보를 제공하므로 디자인 콘셉트 개발에 적합하며, 브레인스토밍, 마인드맵, 개인 경험은 주관적이어서 객관적인 자료 수집 방법으로는 적합하지 않다.

03 다음 중 아이디어 전개 단계에서 가장 효과적인 방법은?

① 다양한 아이디어를 무작위로 나열하기
② 아이디어를 구체화하기 위해 조사된 정보를 정리하기
③ 초기 아이디어를 자유롭게 기록하기
④ 기존 아이디어를 수정하는 것만 고려하기

해설
아이디어 전개 단계에서 가장 효과적인 방법은 조사된 정보를 정리하여 아이디어를 구체화하는 것으로, 정보를 체계적으로 분석하고 실질적인 방향을 제시한다.

04 시장 포지셔닝(Market Positioning)에 대해 바르게 설명한 것은?

① 제품의 단기·중기·장기적 수요 예측에 대한 시장 측정 방법
② 시장에서 자사와 경쟁사의 위치를 파악하고, 전략적 위치를 결정하는 방법
③ 시장 상황의 여러 가지 분석 자료를 통해 시장을 세분화하는 작업
④ 가격결정과 촉진 및 분배에 대한 계획을 수립하고, 이를 수행하는 과정

해설
시장 포지셔닝은 자사와 경쟁사의 위치를 파악하고 전략적 위치를 결정하여 자사의 제품이나 브랜드의 시장 인식을 정의하는 과정이다.

05 시장세분화 방법으로 성별, 연령, 직업 등이 기준이 되는 요인은?

① 인구 통계학적 요인
② 심리학적 요인
③ 유통구조적 요인
④ 상품구성적 요인

해설
성별, 연령, 직업 등은 인구 통계학적 요인으로, 소비자의 기본 특성을 기반으로 시장을 세분화하고 타깃팅에 도움을 준다.

CHAPTER 02 아이디어 스케치 구상 및 전개

PART 1 비주얼 아이데이션 구상과 전개

기출유형 04 ▶ 아이디어 스케치 개념

디자인 작업 중 이미지를 포착하기 위한 목적으로 표현하는 기법은?

① 아이디어 스케치 ② 렌더링
③ 제도 ④ 모델링

| 정답 | ①

족집게 과외

❶ 아이디어 스케치 개념과 종류

㉠ 아이디어 스케치
- 아이디어를 창의적으로 구상하고 공유하는 유용한 방법
- 초기 아이디어를 구체화하고 개발물을 예측
- 제작 오류를 줄이고 원활한 소통 진행
- 디자인 콘셉트 초기 단계로, 브레인스토밍 후 섬네일 스케치를 구상
- 키워드와 아이디어 스케치로 디자인 콘셉트 설정과 시안을 구상

㉡ 아이디어 스케치의 장점
- 창의성을 보존하고 아이디어를 시각화
- 아이디어를 빠르게 표현하고 기록
- 쉽게 공유하고 피드백을 받을 수 있음
- 스케치를 보관해 검토하고 창의성을 향상시킬 수 있음

㉢ 아이디어 스케치의 활용 범위

개념 스케치	• 키워드 추출 단계 • 섬네일 스케치 • 일차적 연상의 시각화 • 콘셉트를 즉시 인식할 수 있는 정보의 형태소에 중점을 둠
사물 스케치	• 개념 스케치를 바탕으로 구체적 형상을 재현 • 기능적 및 심미적 아이디어 적용
체험(경험) 스케치	특정 상황이나 시간의 흐름을 표현하여 시각화하는 방식(영상 제작의 콘티)

❷ 아이디어 스케치 종류

디자인 활용 목적, 표현 기술, 정밀도, 쓰임새, 완성도, 진행 시간에 따라 구분

㉠ 섬네일 스케치(Thumbnail Sketch)
- 초기 아이디어를 빠르게 스케치
- 자유롭게 창의성을 발휘할 수 있음
- 짧은 시간에 표현 가능
- 작은 크기로 표현하여 핵심적인 아이디어를 추출
- 휴대가 편한 도구로 접근성이 높음
- 작은 공간에 많은 양의 아이디어를 계열화할 수 있음

ⓛ 러프 스케치(Rough Sketch)
- 아이디어를 간략하게 가시화
- 형태의 음영, 색상, 재질 등을 표현
- 적절한 크기로 시각적 계획
- 디자인 개발자의 스타일을 반영

ⓒ 시안용 스케치(Comprehensive Sketch)
- 완료 결과물을 표현하는 시안용 스케치, 정밀 스케치
- 형태 및 컬러, 입체감 등을 묘사
- 2D 그래픽 소프트웨어를 활용
- 콘셉트 구체화로 오류를 줄임

> **Tip**
> - 시안용 스케치(Comprehensive Sketch) : 전문적·공식적 용어
> - 콤프 스케치 : 한국 디자인 업계에서 사용하는 비공식적 용어
> ※ 다양한 이름으로 출제될 가능성이 있음

기출유형 완성하기

정답 01 ① 02 ④ 03 ③ 04 ① 05 ③

01 디자인 프로세스를 조사 분석 단계와 디자인 단계로 구분할 때 디자인 단계에 속하는 것은?

① 아이디어 스케치
② 문제의 인식
③ 정보의 분석
④ 정보의 수집

해설
아이디어 스케치는 아이디어를 시각적으로 표현하고 구체화하는 과정으로 디자인 단계에 속한다.

02 아이디어 스케치에 대한 설명으로 옳지 않은 것은?

① 자유로운 이미지의 표현
② 신속한 아이디어 전개
③ 이미지를 포착하기 위한 방법
④ 정확도와 정밀성이 높은 그림

해설
아이디어 스케치는 디자인 아이디어를 자유롭게 표현하고 신속하게 전개하는 방법으로, 정확도와 정밀성이 높은 그림은 필요하지 않다.

03 아이디어를 발전시키기 위하여 형태, 구조, 재료, 가공법 등을 개략적으로 그리고 포착된 이미지를 각각 비교 검토하기 위한 스케치는?

① 섬네일 스케치
② 스크래치 스케치
③ 러프 스케치
④ 스타일 스케치

해설
① 작은 크기로 빠르게 그리는 스케치
② 초기 아이디어를 신속하게 그리는 즉흥적인 스케치
④ 디자인의 스타일이나 느낌을 표현하는 스케치

04 섬네일 스케치(Thumbnail Sketch)란?

① 결정된 콘셉트를 표현하기 위해 여러 가지의 그림, 문자로 작게 시각화한 것
② 2차 리뷰에 붙여진 스케치 중 아이디어로 선택되어 정밀하고 세밀하게 보완하여 완성도가 있는 상태로 그려지는 것
③ 디자인의 구성 요소들을 보기 좋게 배열해 놓은 것
④ 제작 의도를 정확히 알리고자 마무리에 충실하게 그려 놓은 것

해설
섬네일 스케치는 다양한 아이디어를 빠르고 간단하게 표현하기 위해 작은 크기로 그린 스케치이다.

05 다음 중 디자인 프로세스에서 아이디어를 구체적으로 시각화하여 클라이언트에게 제안하는 단계는?

① 브레인스토밍
② 와이어프레임
③ 콤프 스케치
④ 프로토타입

해설
콤프 스케치는 디자인 프로세스에서 아이디어를 구체적으로 시각화하여 클라이언트에게 제안하는 단계이다.

CHAPTER 02 | 아이디어 스케치 구상 및 전개

기출유형 05 ▶ 아이디어 스케치 표현 영역

다음 중 아이디어를 시각적으로 표현하여 구체화하고 공유하는 과정에 해당하는 것은?

① 아이디어 스케치 ② 시장조사
③ 디자인 최종 수정 ④ 프로토타입 제작

| 정답 | ①

족집게 과외

❶ 아이디어 스케치 표현 영역
- ㉠ 단순화하여 스케치하기
- ㉡ 입체 형태로 스케치하기 등

❷ 단순화하여 스케치하기
- ㉠ 디자인 개발 초기 아이디어 구상에 활용
- ㉡ 단순한 스케치로 콘셉트를 명확하게 드러냄
- ㉢ 형태와 구조를 윤곽선으로 표현하며, 정보그래픽과 평면적 시뮬레이션에 적합
- ㉣ 콘셉트의 정확한 사전 이해가 필요
- ㉤ 모션그래픽 스케치는 시간의 흐름과 변화를 간결하게 표현

❸ 입체 형태로 스케치하기
입체 구조를 바탕으로 거리감, 양감, 질감 등을 연출하여 실재감을 높임
- ㉠ 라인 드로잉에서 양감 연출
  아이디어 구체화 후 팀원과의 소통 및 최종 형태 예측을 위해 양감과 명암을 표현하는 스케치
- ㉡ 기본 입체형을 기반으로 한 구조 연출
  - 패키지 및 사인물의 구조 스케치에 활용
  - 입체 형태의 밑그림 위에 형태를 깎거나 첨가해 구체화
  - 디자인 개발자는 구조적 특징을 우선 드로잉해야 함
- ㉢ 결과물에 근접한 상세 연출
  - 시안 제작 전, 결과물의 실재감을 연출하는 스케치
  - 결과물을 구체적으로 예측할 수 있는 콤프 스케치 역할을 함
  - 사물의 구조와 양감, 색채, 질감을 상세히 표현할 드로잉 역량 필요
  - 패키지 및 사인 디자인은 섬네일에서 상세 스케치까지 진행하여 안정성을 높임
- ㉣ 종이 프로토타이핑 연출
  - 종이 라인으로 제본 및 구조체를 만들어 아이디어를 구체화하고 소통하는 방법
  - 시안 제작 전 아이디어와 초기 디자인을 검토하는 데 유용
  - 사용자 중심으로 디자인 결과물 개발
  - 인쇄와 편집디자인, UI 및 UX 디자인, 제품의 초기 프로토타입 등에 활용
  - 빠르고 저비용으로 아이디어를 시각화하고 수정할 수 있음

기출유형 완성하기

정답 01 ④ 02 ③ 03 ② 04 ② 05 ②

01 다음 보기에서 설명하는 것은?

> 디자인 초기 단계에서 빠르게 제작하고 수정할 수 있으며, 아이디어를 저비용으로 시각화하고 피드백을 받는 방법이다.

① 스케치
② 디지털 프로토타이핑
③ 3D 모델링
④ 종이 프로토타이핑

해설
종이 프로토타이핑은 디자인 초기 단계에서 빠르고 저비용으로 아이디어를 시각화하고 수정할 수 있으며, 물리적인 형태로 제작하는 것이 특징이다.

02 아이디어 스케치의 표현 영역에 포함되지 않는 것은?

① 아이디어를 시각적으로 표현하는 것
② 초기 구상과 브레인스토밍을 기록하는 것
③ 디자인의 세부적인 최종 결과물을 완성하는 것
④ 피드백을 통해 아이디어를 개선하는 것

해설
아이디어 스케치는 초기 아이디어를 빠르게 시각화하고 수정하는 데 중점을 두며, 디자인의 세부적인 최종 결과물 완성은 후속 단계에서 이루어진다.

03 단순화하여 스케치하는 방법으로 올바른 것은?

① 최종 디자인을 완성하기 위해 세밀하게 그리기
② 주요 형태와 기본 아이디어를 빠르게 표현하기
③ 디자인의 복잡한 기능을 설명하기
④ 아이디어의 모든 세부 사항을 문서화하기

해설
단순화하여 스케치하는 방법은 주요 형태와 아이디어를 빠르게 표현하고 신속하게 수정할 수 있도록 한다.

04 종이 프로토타이핑의 주요 특징으로 올바른 것은?

① 완성된 디자인을 제작하여 판매할 수 있다.
② 빠르게 제작하고 손쉽게 수정할 수 있다.
③ 최종 제품의 실제 기능을 테스트할 수 있다.
④ 고해상도의 디자인을 생성할 수 있다.

해설
종이 프로토타이핑은 빠르게 제작하고 쉽게 수정할 수 있으며, 초기 디자인 아이디어를 저비용으로 신속하게 시각화하고 테스트하는 데 유용하다.

05 입체 형태 스케치의 주요 장점은 무엇인가?

① 디자인의 모든 세부 사항을 문서화 할 수 있다.
② 구조적 형태와 공간적 느낌을 효과적으로 시각화할 수 있다.
③ 색상과 질감을 실물처럼 구현할 수 있다.
④ 최종 제품의 실제 기능을 테스트할 수 있다.

해설
입체 형태 스케치는 디자인의 구조적 형태와 공간적 느낌을 효과적으로 시각화하는 데 유용하다.

CHAPTER 03 비주얼 방향 구상 및 전개

PART 1 비주얼 아이데이션 구상과 전개

기출유형 06 ▶ 시각화 방안 구성과 조형 원리

일정한 질서 체계에 의해 형성되는 디자인 원리와 가장 거리가 먼 것은?
① 리듬
② 비례
③ 통일
④ 형태

|정답| ④

족집게 과외

❶ 시각화 방안 구성

㉠ 시각화를 위한 비주얼 리터러시(Visual Literacy)
 : 이미지의 시각화
 - 이미지는 감각적·상징적·창의적 표현 방법과 기술로 시각적으로 전달
 - 정보 이미지는 지식수준에 상관없이 효율적으로 공유하고 이해할 수 있음
 - 이미지를 적용하고 활용하는 원리 및 방법

㉡ 시각적 사고에 의한 이미지 발상
 - 시각적 요소를 중심으로 아이디어를 표현하는 방식
 - 머릿속의 이미지를 형태·선·색상으로 구체화하여 의미를 부여하는 과정
 - 아이디어 스케치로 시각화되며, 섬네일 스케치는 시각적 사고의 집약체로 기능

㉢ 시각적 학습을 위한 이미지 구상
 - 인쇄매체를 통해 사용자에게 특정 지식을 전달하거나 습득할 수 있는 이미지
 - 이미지의 의미를 인식하고 해석하는 과정
 - 지각적 특성 및 인지적 과정을 활용해야 함
 - 지식을 기호, 다이어그램, 사진, 스케치로 시각화하여 자연스럽게 학습하도록 함

㉣ 시각적 소통을 위한 이미지 공유
 - 아이디어를 시각적으로 전달하고 다양한 채널을 통해 지식을 교환
 - 시각디자인 매체는 매체, 메시지, 타깃층에 따라 표현 방식이 달라짐
 - 디자인 개발자는 사용성, 기능, 심미성을 고려해 콘셉트에 맞는 이미지를 개발해야 함

❷ 심미성과 기능성을 위한 조형 원리

㉠ 통일과 변화(Unity and Variation)
 - 리듬, 비례, 균형과 조화로 심미성을 발휘
 - 통일된 요소 내에서 적절한 변화는 리듬감을 조성
 - 통일감에 치중하면 지루해지며, 변화에 치중하면 시각적 아이덴티티가 약해짐

㉡ 조화(Harmony)
 - 유사성으로 안정성을 강조
 - 반복 효과로 리듬감 형성
 - 유사(Similarity) : 조형 요소나 색의 속성이 비슷하여 어울리는 것
 - 대비(Contrast) : 조형 요소나 색이 서로 반대되어 어울리는 것
 - 대비는 명시성과 주목성 연출

ⓒ 균형(Balance)
- 시각적 힘이 안정된 상태
- 균형은 평형감과 안정감 조성
- 대칭은 정적 균형, 비대칭은 불균형과 개성을 연출
- 비례는 수량적 관계로 안정감 형성
- 비례는 균형이 깨지면 강한 시각적 자극을 줌

ⓔ 율동(Rhythm)
- 반복이 시각적 강약을 규칙적으로 연속시킴
- 통일성과 동적인 느낌
- 단계적 변화로 경쾌한 리듬감 형성

반복과 교차	규칙적인 반복과 교차로 율동감 형성
점층과 방사	・점진적 변화로 다이내믹한 효과 ・색채의 점층 : 그라데이션 ・방사 : 중심에서 바깥을 향해 확산 배치

ⓜ 변화와 강조(Accent)
- 변화는 불규칙성을 통해 동적인 다이내믹을 조성
- 강조는 강약 단계로 단조로움을 극복하고 변화를 조성
- 강조는 평이하거나 대칭적일 때 더 효과적

기출유형 완성하기

정답 01 ① 02 ④ 03 ③ 04 ② 05 ③

01 비주얼 리터러시를 활용하는 주요 분야로 적절한 것은?

① 디자인, 미디어, 교육
② 외국어, 수학, 과학
③ 음악, 무용, 연극
④ 정치, 경제, 법률

해설
비주얼 리터러시는 디자인, 미디어, 교육 분야에서 시각적 자료를 분석하고 해석하는 데 필요하다.

02 대칭(Symmetry)과 비대칭(Asymmetry)이 가장 가깝게 적용되는 디자인 원리는?

① 강조(Accent)
② 대비(Contrast)
③ 율동(Rhythm)
④ 균형(Balance)

해설
대칭과 비대칭은 디자인에서 균형을 유지하는 방법이다.

03 율동(Rhythm)과 거리가 먼 것은?

① 물결의 파문 같은 선의 강약
② 파장과 같은 곡선의 반복
③ 반복되지 않는 정체성
④ 강약이나 장단의 주기성

해설
율동은 요소의 규칙적이고 반복적인 배열을 통해 나타나므로 '반복되지 않는 정체성'은 리듬과 관련이 없다.

04 다음 중 그라데이션(Gradation)이 내포하고 있는 요소로 거리가 먼 것은?

① 변화
② 정체
③ 운동
④ 생명

해설
그라데이션은 색상이나 톤의 점진적인 변화로, 변화와 다이내믹한 동적인 효과를 준다.

05 다음 디자인 원리에 대한 설명으로 옳지 않은 것은?

① 조화(Harmony) : 요소 상호 간의 적절한 통일과 균형
② 통일(Unity) : 시각적 구성요소가 다양하면서도 산만하지 않고 전체적으로 질서를 이루고 있는 상태
③ 균형(Balance) : 둘 이상의 요소 사이의 계량적 무게감이 동일하여 안정을 이루는 상태
④ 강조(Emphasis) : 색채, 배치, 규칙성 탈피 등의 형태를 의도적으로 파격 효과를 주어 주의를 꾀함

해설
균형(Balance)은 요소 사이의 시각적 무게감이 동일하거나 조화를 이루어 안정감을 주는 원리이다.

기출유형 07 ▶ 시각화 시 지각 적용

유사성의 법칙, 근접성의 법칙, 연속성의 법칙, 공동운동의 법칙과 관련이 있는 것은?
① 기호학 ② 구성주의
③ 게슈탈트 이론 ④ 저널리즘

| 정답 | ③

족집게 과외

❶ 형태
- ㉠ 형태란
  점·선·면·입체 등의 기본 요소로 구성된 물체의 외형적 구조
- ㉡ 형태의 종류
  - 이념적 형태 : 보이지 않는 개념적이고 추상적인 형태(순수형태, 추상적 형태 등)
  - 현실적 형태 : 보이거나 만져지는 형태(자연형태, 인위형태, 유기적 형태, 구상적 형태 등)
- ㉢ 형태 인식 순서
  지각 → 인지 → 이미지와 기억

❷ 형태 심리
- ㉠ 형태는 물리적 요건과 함께 심리적 상태, 주의력, 경험 등에 의해 지각됨
- ㉡ 형태 심리학의 대표 학파 : 게슈탈트(Gestalt) 심리학

❸ 게슈탈트 이론
- ㉠ 게슈탈트 이론 창시자 : 독일 심리학자 베르트하이머(Max Wertheimer)
- ㉡ 지각, 기억, 연상, 사고, 학습을 통해 인간의 지각 방법을 설명
- ㉢ 인간은 사물을 물리적 형태 그대로가 아닌, 단순하고 조직적으로 지각하여 형태나 이미지를 쉽게 이해하고 기억함

❹ 게슈탈트의 시각적 연관성의 법칙

근접성의 법칙	근접한 유사 형태는 그룹으로 묶여 보이는 원리
연속성의 법칙	배열된 형태들이 시각적 진행 방향에 따라 연결되어 보이는 원리
유사성의 법칙	형태, 크기, 위치, 방향, 컬러 등 유사한 시각적 요소들을 연관 짓고 그룹화하여 보이는 원리
폐쇄성의 법칙	닫힌 공간이 아니어도 형태를 완성된 것으로 인식하는 원리

기출유형 완성하기

정답 01 ④ 02 ③ 03 ② 04 ① 05 ②

01 게슈탈트(Gestalt) 원리가 아닌 것은?

① 폐쇄성
② 인접성
③ 유사성
④ 반복성

해설
게슈탈트 원리는 근접성, 연속성, 유사성, 폐쇄성의 네 가지 법칙이다.

02 다음 (   ) 안에 알맞은 것은?

> 게슈탈트(Gestalt) 법칙에 있어서 정보를 그룹핑(Grouping) 하는 것은 (   ) 특질에 의한 것이다.

① 이해적
② 구성적
③ 시각적
④ 이상적

해설
게슈탈트 이론 중 유사성의 법칙으로 형태, 크기 등 유사한 시각적 요소들을 연관 짓고 그룹화한다.

03 대상을 지각할 때 일정불변하게 지각되지 않고 심리상태, 과거의 기억, 관심, 주의, 흥미 등이 복합된 활동에 좌우된다는 형태 지각의 심리 이론은?

① 막스 빌의 조형 이론
② 게슈탈트 이론
③ 루빈의 이론
④ 뮬러 · 라이어 이론

해설
게슈탈트 이론은 지각, 기억, 연상, 사고, 학습을 통해 인간의 지각 방법을 설명한다.

04 게슈탈트에서 형이나 형태를 쉽게 인지하기 위한 조건으로 옳은 것은?

① 단순성, 규칙성, 대칭성, 기억의 용이성
② 복잡성, 질서성, 비대칭성, 기억의 용이성
③ 단순성, 복잡성, 질서성, 기억의 용이성
④ 단순성, 비대칭성, 질서성, 기억의 용이성

해설
게슈탈트의 시지각 원리는 단순성, 규칙성, 질서성, 대칭성, 기억의 용이성으로 형태가 단순하고 논리적으로 인식되어 형태를 쉽고 명확하게 인지된다. 반면 복잡성과 비대칭성은 불규칙하고 불안정한 형태를 유발해 형태 인식을 어렵게 하고 인지적 부담을 준다.

05 비슷한 성질을 가진 요소들은 떨어져 있다고 하더라도 덩어리져 보이는 게슈탈트의 법칙은?

① 근접의 법칙
② 유사의 법칙
③ 폐쇄의 법칙
④ 연속의 법칙

해설
유사의 법칙은 형태, 색상, 질감 등 유사한 성질을 가진 요소들이 서로 모여서 덩어리처럼 인식되는 현상이다.

기출유형 08 ▶ 시각화 형태 심리 표현

점이 움직인 궤적을 무엇이라 하는가?
① 점   ② 면
③ 선   ④ 입체

| 정답 | ③

족집게 과외

❶ 형태의 시각적 특징
시각적 대상을 기본 형태로 나누면 점 · 선 · 면 · 기하학적 입체물로 구분

❷ 점의 표현
㉠ 형태를 지각하는 최소 단위
㉡ 면적이 없는 위치 표시
㉢ 다양한 크기와 형태를 지님
㉣ 점의 개수와 배치로 부피, 방향, 운동감, 거리감, 리듬감 표현
㉤ 점이 커지면 면으로 인식
㉥ 포지티브 점과 네거티브 점
  • 포지티브 점 : 형태와 크기를 가지며 명확하게 보이며 강조됨
  • 네거티브 점 : 점과 선의 한계나 교차에서 생기는 점으로 비어있는 공간에서 시각적 균형을 이룸

❸ 선의 표현
㉠ 점이 이동하면서 남긴 자취
㉡ 길이와 방향
㉢ 선의 굵기와 방향 변화 : 원근감, 운동감
㉣ 동일한 선의 반복 : 구조체 형성
㉤ 점 잇기의 반복 : 잔상, 움직임
㉥ 자유로운 곡선 : 자유, 유기적 생명력
㉦ 굵기와 밀도 변화 : 속도감, 운동감
㉧ 방향의 변화와 변형 : 감성적 표현
㉨ 밀도와 위치: 중량감, 힘의 이동
㉩ 포지티브 선과 네거티브 선
  • 포지티브 선 : 점의 이동 경로나 점과 점을 이어 생성된 선으로 방향과 경계선을 나타냄
  • 네거티브 선 : 면의 한계나 교차의 간격으로 생성된 경계선, 두 물체 간의 빈 공간에서 형성된 시각적 선

선의 종류와 특징

직선	정직, 강직
수직선	희망, 상승, 긴장, 엄숙
수평선	평화, 정지, 편안함
사선	움직임, 불안정
곡선	부드러움, 우아함
포물선	속도감
절선	복잡함, 불안감

❹ 기하학적 면의 표현
㉠ 점의 확대나 선의 이동
㉡ 2차원적 요소 : 공간 구성의 기본단위
㉢ 점 · 선 표현 : 정보와 메시지 전달
㉣ 면의 변형 : 원근감, 질감
㉤ 색채 연출 : 공간감, 입체감
㉥ 포지티브 면과 네거티브 면
  • 포지티브 면 : 점의 확대나 선의 이동, 너비의 확대에 의해 형성된 면으로 특정 영역이나 형태를 나타냄
  • 네거티브 면 : 점의 밀집이나 선으로 둘러싸인 면으로 빈 공간으로 시각적 균형을 이룸

❺ 기하학적 입체물의 표현
- ㉠ 면이 쌓여 부피와 입체 형성
- ㉡ 원근감 : 3차원 공간감
- ㉢ 입체기하학 : 다면체, 원기둥 등
- ㉣ 기하학적 입체 : 면과 공간의 조합

점·선·면
모더니즘 초기의 구성주의 화가 칸딘스키의 저서 『점·선·면』에서 점·선·면을 조형 표현의 기본 요소로 제시

기출유형 완성하기

정답 01 ① 02 ② 03 ② 04 ② 05 ①

01 다음 중 길이와 너비를 가지며, 넓이는 있으나 두께는 없는 것은?

① 면
② 명암
③ 색채
④ 질감

해설
② 물체의 밝고 어두운 정도
③ 색의 속성
④ 표면의 촉감이나 시각적 질감

02 다음 중 수직선에 대한 느낌으로 가장 알맞은 것은?

① 안정감, 친근감, 평화스러운 느낌
② 엄숙함, 강직함, 긴장감, 준엄한 느낌
③ 움직임, 활동감, 불안정한 느낌
④ 우아하고 부드러운 느낌

해설
수직선은 엄숙하고 강직한 느낌을 주며 긴장감이나 준엄한 느낌을 전달한다.

03 다음 중 형태에 관한 설명으로 옳지 않은 것은?

① 점이 확대되면 면으로 이동되고, 원형이나 정다각형이 축소되면 점이 된다.
② 점이 일정한 방향으로 진행할 때 곡선이 생기며, 점의 방향이 끊임없이 변할 때 직선이 생긴다.
③ 면은 길이와 폭을 가지며, 넓이는 있으나 두께는 없다.
④ 입체는 길이, 너비, 깊이, 형태와 공간, 표면, 방위, 위치 등을 가지며 평면의 확장이다.

해설
점이 일정한 방향으로 진행하면 직선이 형성되며, 점의 방향이 지속적으로 변할 때 곡선이 형성된다.

04 우아, 매력, 복잡의 상징으로, 여성적인 섬세함과 동적인 표정을 나타내는 디자인 요소로 가장 적합한 것은?

① 사선
② 곡선
③ 절선
④ 직선

해설
① 동적이고 강렬한 느낌을 표현
③ 직선이 절단된 형태로 복잡한 느낌을 표현
④ 안정감과 강직한 느낌을 표현

05 면에 대한 설명 중 가장 적합한 것은?

① 2차원적인 요소로 점의 확대나 선이 이동한 자취를 말한다.
② 선의 이동이나 폭의 확대 등에 의해 성립되므로 넓이를 갖게 되는 3차원의 세계이다.
③ 원근감과 질감을 포함할 수 있으나 색채효과에 의한 공간감이나 입체감은 나타낼 수 없다.
④ 선에 의해 주위의 공간에서 독립된 존재로 구획되지만 선의 성격에 의해 면의 성격이 영향을 받지는 않는다.

해설
면은 2차원적인 요소로, 점이 확대되거나 선이 이동하여 형성된다.

교육이란 사람이 학교에서 배운 것을
잊어버린 후에 남은 것을 말한다.

− 알버트 아인슈타인 −

PART 2
비주얼 아이데이션 적용

CHAPTER 01 아이디어와 스케치 적용

CHAPTER 02 비주얼 방향 적용

CHAPTER 01 아이디어와 스케치 적용

PART 2 비주얼 아이데이션 적용

기출유형 09 ▶ 아이데이션 구체화 방법

디자인 과정 중에서 스케치의 역할이 아닌 것은?

① 기존의 형태를 모방한다.
② 아이디어를 빠르게 표현한다.
③ 의도된 형태를 발견하고 전개시킨다.
④ 프레젠테이션을 통해 최종 디자인을 결정할 때 쓰인다.

| 정답 | ④

족집게 과외

❶ 스케치 적용을 통한 아이데이션 특징
  ㉠ 시각적 직관성을 적용한 아이데이션
  ㉡ 이미지를 예측할 수 있는 아이데이션
  ㉢ 콘텐츠의 정보 체계 및 위계를 시각화할 수 있는 아이데이션

❷ 아이디어 스케치를 위한 요건
  ㉠ 가치 중심의 아이디어 스케치
    아이디어의 독창성, 창의성, 실현 가능성
  ㉡ 기능 중심의 아이디어 스케치
    • 콘셉트에 맞는 아이디어 전개
    • 아이디어의 조형성과 경제성
  ㉢ 진행 단계 중심의 아이디어 스케치
    • 디자인 개발 목적에 맞는 콘셉트 설정
    • 콘셉트에 맞는 아이디어 선정과 스케치의 일관성
    • 트렌드에 맞는 비주얼 전개

❸ 콘셉트 시각화를 위한 아이데이션
  ㉠ 디자인 시안 : 클라이언트가 최종 디자인을 결정하기 전에 다양한 비주얼 아이디어를 제시하는 예비 디자인 초안
  ㉡ 아이데이션은 콘셉트와 연계하여 비표준화된 방법으로 진행되며, 결과물에 따라 달라질 수 있음
  ㉢ 콘셉트는 시각화 전 키워드로 준비되며 추출 방법에 따라 다양한 아이디어로 전개

콘셉트(Concept)
디자인의 대상을 소비자에게 설득하기 위한 명확한 메시지가 담겨있는 개념

키워드(Key Word)
특정 주제나 개념을 대표하는 핵심 단어로 콘셉트를 구체화하기 위한 연상성, 유추성, 지시성이 있음

❹ 콘셉트 키워드 도출 방법
  ㉠ 핵심 키워드 : 마인드맵
  ㉡ 브랜드 에센스 키워드 : 브랜드 퍼스널리티
  ㉢ 트렌드 키워드 : 시장조사
  ㉣ 아이데이션을 위한 키워드 도출 단계

1단계	키워드 그룹 추출 : 마인드맵을 통한 키워드 선정
2단계	키워드 범위 압축 : 경쟁사 조사를 통한 키워드 그룹의 범위 압축
3단계	핵심 키워드 도출 : 브랜드 아이덴티티 개발에 대한 니즈 키워드 파악

Tip

마인드맵
- 프로젝트의 규모와 매체 특성에 관계 없이 진행할 수 있는 대표적 방법
- 키워드 그룹 추출, 범위 압축, 핵심 도출 순서로 아이데이션이 전개됨

❺ 시안 제작을 위한 아이데이션
  ㉠ 키워드의 직접적인 시각화
  ㉡ 키워드 간의 연관성을 개념화한 시각화
  ㉢ 키워드를 통해 간접적으로 연상된 아이디어의 시각화
  ㉣ 키워드 중심의 아이데이션 구체화 단계
  - 1단계 – 러프 스케치
    핵심 키워드의 이미지 자료에서 형태와 의미 요소를 파악하여 아이디어를 러프 스케치 혹은 스케치
  - 2단계 – 아이디어의 시각적 구체화
    스케치안을 바탕으로 콘셉트에 맞는 비주얼 아이덴티티 모티프를 구체화하기 위하여 시각화 아이데이션
  - 3단계 – 비주얼 아이데이션 모티프의 확장
    시각화인 비주얼 아이데이션 모티프 개발을 통해 다양한 디자인 매체에 활용할 수 있도록 모티프를 이루는 유닛을 결합, 반복, 중층화 등의 테스트를 함

❻ 콘셉트가 구체화 된 비주얼 모티프 도출
  ㉠ 구조와 형태의 다양한 베리에이션 연출 가능
  ㉡ 편집디자인과 어플리케이션 시안 디자인에 활용

기출유형 완성하기

정답 01 ④ 02 ① 03 ④ 04 ③ 05 ④

01 아이디어 스케치에 대한 설명으로 옳지 않은 것은?

① 자유로운 이미지의 표현
② 신속한 아이디어 전개
③ 이미지를 포착하기 위한 방법
④ 정확도와 정밀성이 높은 그림

> **해설**
> 아이디어 스케치는 디자인 초기 단계에서 자유롭고 신속하게 아이디어를 시각적으로 표현하는 방법이다.

02 디자인 작업 중 이미지를 포착하기 위한 목적으로 표현하는 기법은?

① 아이디어 스케치
② 렌더링
③ 제도
④ 모델링

> **해설**
> ② 완성된 시각적 표현을 제공하는 과정
> ③ 정밀한 기술적 도면을 만드는 과정
> ④ 3D 형태를 제작하는 과정

03 콘셉트 키워드 도출 방법으로 옳은 것은?

① 타깃 시장 분석
② 경쟁사 연구
③ 고객 피드백 수집
④ 마인드맵

> **해설**
> 타깃 시장 분석, 경쟁사 연구, 고객 피드백 수집은 아이디어를 보강하는 데 도움이 되지만, 직접적으로 콘셉트 키워드를 도출하는 방법으로는 마인드맵이 적합하다.

04 콘셉트를 시각화하기 전에 키워드를 추출하고, 이를 기반으로 다양한 아이디어를 전개하는 방법으로 가장 적합한 것은?

① 브레인스토밍
② 스케치
③ 마인드맵
④ 프로토타입 제작

> **해설**
> ① 아이디어를 자유롭게 생성하는 과정
> ② 아이디어를 시각적으로 표현하는 초기 단계
> ④ 실물 모델을 만드는 단계

05 콘셉트 키워드 도출 방법으로 알맞지 않은 것은?

① 마인드맵
② 브랜드 퍼스널리티
③ 시장조사
④ 시안 제작

> **해설**
> 시안 제작은 이미 도출된 콘셉트와 키워드를 바탕으로 구체적인 디자인을 제작하는 과정으로, 콘셉트 키워드를 도출하는 데 적합하지 않다.

CHAPTER 02 비주얼 방향 적용

PART 2 비주얼 아이데이션 적용

기출유형 10 ▶ 콘셉트 구성 방법 및 종류

다음 중 디자인 콘셉트에 대한 설명으로 가장 옳은 것은?

① 자연물과 조형물을 정확하게 관찰하여 표현하는 것이다.
② 대상물의 특성을 살리면서 간결하게 표현하는 것이다.
③ 개념화, 아이디어 구상, 계획하는 것이다.
④ 제품의 이미지를 구체화하여 모형을 제작하는 것이다.

| 정답 | ③

족집게 과외

❶ 콘셉트(Concept)
㉠ 소구점 또는 개념 : 디자인의 대상을 소비자에게 전달하기 위한 핵심 아이디어
㉡ 창의적인 이미지 구성 : 콘셉트에 따라 효과를 최대화할 수 있는 창의적인 이미지 형성
㉢ 명확한 메시지 : 디자인의 핵심 내용을 명확하고 일관되게 전달
㉣ 기본적인 방향 제시 : 디자인의 기본적인 방향을 제시

❷ 콘셉트 구성 방법
㉠ 콘셉트 구체화를 위한 이미지 구상
- 디자인 프로젝트와 매체에 따라 브레인스토밍과 키워드 추출을 통해 구체적인 디자인 콘셉트가 도출됨
- 콘셉트는 간단한 문장이나 다이어그램, 비주얼 모티프의 형태로 정리
- 디자인 시안 준비는 콘셉트에 따라 핵심 이미지 구상, 아이디어 스케치, 표현기법 및 소재, 비주얼 스타일을 선정해 진행

㉡ 콘셉트 이미지의 역할
- 메시지와의 밀접한 연관성
- 디자인 콘셉트에 따른 이미지 활용
- 메시지를 직접적으로 설명하는 역할
- 의미 형성을 위한 상징으로 사용
- 감성적 연출 수단으로 사용

㉢ 이미지 표현기법 종류
- 사진 이미지
- 정보그래픽 이미지
- 드로잉 이미지(일러스트레이션으로 제작)

㉣ 이미지 소재의 선택 기준
- 전달 매체의 특성 고려(해상도, 크기 등)
- 매력 요소(유머, 위트)와 심미성의 고려
- 정보 커뮤니케이션의 효율성 고려(직관적 표현)
- 제작자의 독창성 반영 고려

❸ **콘셉트 구성 종류**
  ㉠ 이미지 스타일 : 비주얼 펀(Visual Fun)
    • 언어적(Verbal)인 개념의 유머와 위트는 비주얼 펀을 통해 시각적으로 표현
    • 유머와 위트는 사회적·정치적 메시지를 가짐
    • 일러스트레이션이나 사진, 브랜드 아이덴티티에 사용
  ㉡ 비주얼 펀의 유형
    • 이미지의 합성 : 서로 다른 이미지를 자연스럽게 합성하여 새로운 의미 창출
    • 이미지의 변용 : 크기와 색채 등의 변화를 통하여 새로운 의미 창출
    • 이미지의 배치 변화 : 위치를 재배치하여 새로운 의미 창출
    • 이미지의 왜곡 : 특정한 부분을 왜곡시켜 새로운 의미 창출

❹ **이미지의 기호적 접근**
  ㉠ 콘셉트의 시각화 : 이미지와 키워드의 결합
    • 모든 이미지는 의미를 갖지만, 의미는 이미지와 항상 고정된 관계를 형성하지 않음
    • 디자인 개발자는 콘셉트와 이미지, 키워드의 관계를 파악하고 구조화하는 창의적 역량 필요
  ㉡ 이미지의 기호적 의미 : 기표와 기의
    • 기호학자 롤랑 바르트는 이미지의 의미가 기호학적으로 발산하는 방식을 해석
    • 기호는 기표와 기의의 결합을 통하여 만들어짐

> **기표**
> 개념이나 대상을 나타내기 위해 사용하는 물리적 표현이나 기호 자체
>
> **기의**
> • 외연적 기의 : 명백한 또는 상식적인 의미
> • 내포적 기의 : 기호는 사회문화적이고 개인적인 연상에 의해 의미가 형성되므로 다의적임

❺ **사용자 편의를 위한 디자인 가치 적용**
소비자를 위한 디자인 측면과 사회적 측면의 가치를 지향해야 함
  ㉠ 유니버설 디자인(Universal Design)
    • 최종 소비자는 사용자
    • 모두를 위한 디자인(Design for All)
    • 타이포그래피와 픽토그램은 유니버설 디자인이 적용된 영역
    • 시각디자인, 제품디자인, 환경디자인 등이 포함됨

> • 타이포그래피 유니버설 디자인 : 가독성, 주목성, 시인성 적용
> • 픽토그램 유니버설 디자인 : 직관적인 정보 전달

  ㉡ 지속 가능 디자인(Sustainable Design)
    • 디자인을 통해 지속 가능한 환경 보호와 자원 절약을 실현하는 가치
    • 인쇄매체의 지속 가능 디자인은 용지 절약, 잉크 절약, 리사이클링 방식으로 적용
    • 시각디자인, 제품디자인, 환경디자인 등이 포함됨
  ㉢ 어메니티 디자인(Amenity Design)
    • 디자인 결과물은 사람들의 일상생활 환경을 쾌적하게 할 수 있음
    • 제품과 환경디자인 : 편의성, 공간과 정서적으로 쾌적함 제공
    • 시각디자인 : 제작 시 심미성과 시각적 쾌적성 제공

기출유형 완성하기

정답 01 ④ 02 ② 03 ③ 04 ③ 05 ③

01 디자인의 사회적 기능에 대한 설명으로 옳지 않은 것은?

① 디자인은 인간의 욕구를 만족시킨다.
② 디자인은 다각적인 효율성을 지닌다.
③ 디자인은 인간의 생활을 변화시킨다.
④ 디자인은 윤리적 책임을 가지지 않는다.

해설
디자인은 윤리적 책임을 가지며, 사회적 영향과 환경을 고려한 디자인이 중시된다.

02 다음 중 인간, 자연, 사회와의 대응 관계를 전제로 디자인을 분류할 때 포함되지 않는 것은?

① 시각전달디자인
② 상업디자인
③ 제품디자인
④ 환경디자인

해설
상업디자인은 마케팅과 판매를 목적으로 하는 디자인으로, 인간과 자연의 사회적 관계를 중점으로 다루지 않는다.

03 이미지 소재의 선택 기준으로 옳지 않은 것은?

① 이미지는 매체에 따라 해상도와 크기를 고려해야 한다.
② 제작자의 독창성이 반영되어야 한다.
③ 추상적인 표현의 이미지를 사용하여 의미를 예측할 수 있도록 한다.
④ 이미지는 유머와 심미성을 고려하여 선택한다.

해설
이미지는 일반적으로 명확한 의미 전달을 위해 선택해야 한다. 추상적인 표현의 이미지는 의도 전달이 어려울 수 있어 신중하게 사용되어야 한다.

04 비주얼 펀(Visual Fun)의 효과적인 적용 사례로 가장 적절한 것은?

① 정형화된 브랜드 로고 디자인
② 무채색의 엄격한 그래픽 디자인
③ 유머와 창의성을 담은 광고 캠페인
④ 기계적이고 반복적인 패턴 디자인

해설
비주얼 펀(Visual Fun)은 유머와 창의성을 활용하여 관객의 관심을 끌고 기억에 남게 하는 데 목적이 있다.

05 환경에 미치는 영향을 최소화하고 자원 사용의 효율성을 고려한 디자인 접근 방식은?

① 인클루시브 디자인
② 사용자 경험 디자인
③ 지속 가능 디자인
④ 브랜딩 디자인

해설
지속 가능 디자인은 환경에 대한 부정적 영향을 줄이고 자원의 효율적 사용을 목표로 한다.

기출유형 11 ▶ 매체와 표현기법에 따른 콘셉트 전개

현대의 일러스트레이션에 대한 설명으로 옳지 않은 것은?

① 작가의 개성은 중요하지 않다.
② 커뮤니케이션이라는 구체적이고 설명적인 목적을 가지고 있다.
③ 매체를 통해 대량으로 다수에게 전달된다.
④ 독자적인 영역을 구축하고 있다.

| 정답 | ①

족집게 과외

❶ 사진 이미지

㉠ 특징
- 사진은 디자인 개발자, 전문 포토그래퍼와 온라인 이미지 대여 사이트를 통해 준비됨
- 실제감과 현장감을 중요시
- 그래픽 소프트웨어로 실제감을 높이고 매력 강조
- 실제 대상 반영을 통한 신뢰감 형성
- 상세 이미지를 대상의 매력 요소로 확장
- 순간 포착을 통한 이미지의 다이내믹 형성
- 카메라 앵글의 변화를 통한 시점의 확장

예) 광고 및 패키지, 포스터 디자인에 주로 활용됨

㉡ 사진 이미지의 사용 요건 : 해상도 점검
- 인쇄매체는 300dpi의 고해상도로 사용
- 이미지를 확대하면 해상도가 낮아짐
- 제작 전에 출력하여 이미지 정세도를 확인

㉢ 디자인 결과물 적용을 위한 연출 작업
전달 의도에 맞춰 원본 이미지의 밝기, 선명도, 질감, 색감, 컬러 톤, 채도를 조정

사진 이미지 변화 연출 방법
- 트리밍(Trimming) : 불필요한 부분을 잘라 사용하는 방법
- 오버레이(Overlay) : 컬러링 변형, 사진 이미지를 겹쳐 배치하는 방법
- 컷아웃(Cutout) : 사진의 특정 부분을 잘라 독립적으로 사용하는 방법
- 블렌딩(Blending) : 자연스럽게 합성하는 방법

❷ 일러스트레이션 이미지

㉠ 특징
- 추상적인 내용과 다양한 메시지 표현
- 상상력과 작가의 개성을 중요시
- 보이지 않는 개념을 창의적으로 표현

예) 단행본이나 잡지, 신문, 기업 홍보물 등에서 활용됨

㉡ 유형

추상적 일러스트레이션	• 기하 도형과 유기적 형태 패턴으로 정형화되지 않은 대상을 묘사하는 방법 • 형태의 질서, 다이내믹 등을 콘셉트로 표현
구상적 일러스트레이션	• 특정 대상을 사실적으로 묘사하는 방법 • 사실감에 의한 신뢰감 형성
초현실적 일러스트레이션	비현실적이고 비논리적인 사물의 결합이나 상황을 묘사하는 방법

> **Tip**
>
> **초현실적 일러스트레이션 유형**
>
> | 몽타주 | • 다양한 형상을 조합하여 복합적 이미지를 형성하는 방식
• 모더니즘 미술에서 큐비즘(Cubism)의 파피에 콜레(Papie Colle)와 연관이 있으며 다다(Dada)와 초현실주의의 콜라주(Collage)로 활용 |
> |---|---|
> | 데페이즈망 | • 이미지에 내재된 메시지 구조의 표현
• 초현실적 메시지 표현 |
> | 콜라주 | • 단일 화면에 이질적인 요소를 조합하여 초현실적 공간감 조성
• 모더니즘 미술에서 입체파 화가들이 처음 시도한 이미지 합성 기법 |

❸ **정보그래픽 이미지**

㉠ 개념
- 정보그래픽의 구체화된 이미지는 다이어그램이 대표적
- 다이어그램은 사실적 이미지, 기하학적 형태, 그래프, 문자 등의 결합으로 정보를 직관적으로 전달하는 시각적 구성

㉡ 특징
- 정보의 가시화를 위한 효과적인 방법
- 매체 노출량 증가에 따른 다이어그램, 그래프의 메인 이미지 활용
- 메시지의 신뢰감을 높이기 위한 이미지로 활용
- 정보의 계열화 및 계층화 구조의 심미성 활용

㉢ 정보그래픽을 위한 데이터의 종류

정량적 데이터	• 객관적인 데이터를 수치로 표현 • 자료는 정부나 연구 기관에서 제공
정성적 데이터	• 사용자의 경험 및 감정을 시각화하는 방법 • 형용사를 수치로 환산하거나 느낌을 색, 형태 등으로 표현

❹ **아이콘 이미지**

㉠ 개념
- 아이콘은 핵심적 특징을 시각화하여 정제된 표현을 한 형상
- 픽토그램(Pictogram)은 길 안내, 지시 등 정보 표현을 위한 아이콘
- 아이콘과 픽토그램은 즉각적으로 의미를 전달
- 아이콘과 픽토그램은 시각적 연상성을 통해 구현되며, 메타포 개념을 적용할 수 있음

㉡ 메타포 이미지
사물이나 개념을 설명할 때 사용하는 수사적 은유 표현

> **Tip**
>
> 언어학자 조지 레이코프(George Lakoff)
> 본래 인간의 사고나 행동 자체는 메타포에 의해 구성되는 개념 체계를 토대로 함

㉢ 아이콘의 활용
- 디지털 매체에서 버튼 아이콘이 사용됨
- 아이콘이 콘셉트 이미지로 활용될 때는 사용 편의성과 심미성을 고려해야 함
- 아이콘의 시각적 아이덴티티는 브랜드 아이덴티티를 형성하며, 그래픽 모티프와 시각적 연관성을 반영해야 함

❺ **픽토그램(Pictogram)**

㉠ 픽토(Picto)와 텔레그램(Telegram)의 합성어로 사물, 개념 등을 상징하는 그림문자 또는 그래픽 상징(Symbol)

㉡ 즉시 인지가 가능하여 긴급 상황이나 주의 정보를 제공

㉢ 유니버설 디자인 개념을 적용하여 필요한 거리 정보를 국제규격으로 정함

㉣ 정확한 인지를 위해 이미지와 문자를 함께 사용하는 경우가 많음

아이소타입(Isotype)
통계적 정보를 시각적으로 쉽게 전달할 수 있도록 설계된 그래픽 심벌의 기초로 픽토그램의 발전에 영향을 줌

아이콘과 픽토그램의 차이점

아이콘	특정 기능이나 개념을 나타내는 시각적 기호 예 애플리케이션, 버튼 등
픽토그램	정보를 직관적, 시각적으로 전달하는 그림 예 공공장소 안내, 경고 등

기출유형 완성하기

정답 01 ④ 02 ③ 03 ① 04 ① 05 ③

01 일러스트레이션 분야의 표현 양식에 의한 분류 중 추상적인 일러스트레이션의 분류가 아닌 것은?

① 기하학적 추상 일러스트레이션
② 유기적 추상 일러스트레이션
③ 앙로프멜적 추상 일러스트레이션
④ 구상적 추상 일러스트레이션

해설
추상 일러스트레이션은 기하학적이거나 유기적인 이미지 표현 방식이다. 구상적 일러스트레이션은 실제 사물이나 형태를 그대로 표현하는 방식이므로 추상적인 일러스트레이션의 분류에 속하지 않는다.

02 다음 중 픽토그램과 관련이 없는 것은?

① 공공 화장실의 남녀 구분 표시
② 비상구 표시
③ 웹사이트에서의 검색 버튼
④ 도로 표지판의 속도 제한 표시

해설
픽토그램은 누구나 쉽게 이해할 수 있는 직관적인 그림으로 표현되며 '웹사이트에서의 검색 버튼'의 기능적 역할을 나타내는 아이콘과 구분된다.

03 표현 양식에 의한 일러스트레이션의 분류 중 적합하지 않은 것은?

① 점묘화적인 일러스트레이션
② 구상적인 일러스트레이션
③ 추상적인 일러스트레이션
④ 초현실적인 일러스트레이션

해설
일러스트레이션의 분류 방식은 구상적, 추상적, 초현실적 표현 양식이 주로 사용되며, 점묘화는 특정 기법이지 표현 양식으로 분류되지 않는다.

04 사진에서 화면의 필요한 부분만을 일정한 윤곽으로 다듬고 다른 부분을 잘라내어 전달하고자 하는 내용을 강조하는 것은?

① 트리밍(Trimming)
② 레이아웃(Layout)
③ 레터링(Lettering)
④ 몽타주(Montage)

해설
② 텍스트, 이미지 등의 시각 요소를 페이지나 화면에 배치하는 방법
③ 손으로 그린 글자나 타이포그래피
④ 서로 다른 이미지를 조합하여 하나의 새로운 이미지를 만드는 기법

05 다음 중 간단한 그래픽으로 특정 기능이나 개념을 나타내는 시각적 기호는?

① 사진
② 픽토그램
③ 아이콘
④ 일러스트레이션

해설
아이콘은 특정 기능이나 개념을 간단한 그래픽으로 나타내는 시각적 기호로, 직관적으로 이해할 수 있도록 설계된다.

목적과 그에 따른 계획이 없으면
목적지 없이 항해하는 배와 같다.

– 피츠휴 닷슨 –

PART 3
시안 디자인 개발 기초

CHAPTER 01 시안 개발계획 수립

CHAPTER 02 아트워크

CHAPTER 01 시안 개발계획 수립

PART 3 시안 디자인 개발 기초

기출유형 12 ▶ 시안 제작

시안 제작에 적합한 것은?

① 디자인 아이디어의 초기 단계에서 자유로운 스케치를 하는 것
② 클라이언트와의 최종 결정과 디자인 콘셉트의 정확한 예측을 위해 제작하는 것
③ 디자인의 모든 세부 사항을 즉시 확정하는 것
④ 디자인 작업의 완료 후, 최종 결과물을 검토하는 것

| 정답 | ②

족집게 과외

❶ 시안 제작의 단계

㉠ 시안이란
　클라이언트가 최종 디자인을 결정할 수 있도록 여러 디자인 안을 제시하며, 최종 디자인과 유사한 수준으로 제작하는 것

㉡ 시안 제작을 위한 그래픽 소프트웨어
　일러스트레이터, 포토샵, 페인터, 인디자인, 퀵 익스프레스 등이 있음

> **Tip** ✓
> - 일러스트레이터(Adobe Illustrator) : 벡터 그래픽, 일러스트레이션, 타이틀 디자인 등
> - 포토샵(Adobe Photoshop) : 비트맵 그래픽, 사진, 합성 등
> - 페인터(Corel Painter) : 디지털 페인팅 및 드로잉, 아트웍 등
> - 인디자인(Adobe InDesign) · 퀵 익스프레스(QuarkXPress) : 페이지 레이아웃 디자인, 출판 등

㉢ 시안 제작 단계

1단계	**콘셉트 구체화** 핵심 키워드로 콘셉트를 구체화하고 시각화 요소 도출
2단계	**이미지 · 텍스트 자료 수집** 이미지는 저작권 없는 자료나 클라이언트 제공 이미지, 폰트는 구입한 것이나 오픈소스 사용
3단계	**비주얼 모티프 개발** 키워드로 아이디어 스케치 후, 그래픽 소프트웨어로 비주얼 시안 제작
4단계	**색채 계획** 시각화 정보 구조 기획으로 시안의 심미성을 높임
5단계	**이미지와 텍스트 요소 배치** 스케치 기반으로 이미지와 텍스트를 배치해 레이아웃 조정

❷ 결과물 특성에 따른 시안 제작 방법

1차 시안	• 소규모 및 단기 프로젝트는 신뢰를 바탕으로 제작하여 디자인 결과를 협의하고 결정할 수 있음 • 시안은 명확한 디자인 콘셉트와 높은 정밀도로 제작 예 명함, 안내장, 스테이셔너리 인쇄물에 활용
2차 시안	• 대규모 및 장기 프로젝트에 활용 • 디자인 완료 수준을 높이는 데 유용 • 클라이언트의 충분한 피드백을 반영해야 함 • 디자인 콘셉트와 완료 상태를 예측하기 위한 정밀한 제작이 필요 예 심벌마크, 로고 타입 등 브랜드 디자인에 활용

❸ 비주얼 모티프(Visual Motif)
  ㉠ 디자인 콘셉트의 시각화
  ㉡ 간결한 2차원적 형태와 컬러 구축
  ㉢ 시각적 확장성을 위한 다양한 배치, 반복, 크기 대비, 구성의 다이내믹 활용
  ㉣ 원형을 유지하여 반복과 크기 대비로 변주
  ㉤ 아이데이션 과정에서 개발되고 적용됨
  ㉥ 비주얼 모티프를 재구성 가능한 단일 콘셉트로 개발해 활용성을 높임
  ㉦ 로고 타입, 그래픽 패턴 등에 변형하는 것을 기본으로 함

기출유형 완성하기

정답 01 ③ 02 ④ 03 ② 04 ② 05 ③

01 시안 제작을 위한 소프트웨어로, 벡터 그래픽 디자인에 주로 사용되는 것은?

① Adobe InDesign
② Adobe Premiere Pro
③ Adobe Illustrator
④ Adobe Lightroom

해설
Illustrator는 벡터 그래픽 디자인에 주로 사용되는 소프트웨어이고, InDesign, Premiere Pro, Lightroom은 각각 페이지 레이아웃, 영상 편집, 사진 편집에 사용된다.

02 시안 제작 단계에 해당하지 않는 것은?

① 이미지 자료 수집
② 색채 계획
③ 비주얼 모티프 개발
④ 결과물 검토 및 보완

해설
결과물 검토 및 보완은 시안 제작 후 진행되는 과정으로, 시안 제작 단계에는 포함되지 않는다.

03 비주얼 모티프에 대한 설명으로 옳지 않은 것은?

① 디자인 콘셉트의 시각적 표현을 돕는다.
② 디자인의 텍스트 내용을 상세히 결정한다.
③ 디자인의 스타일과 느낌을 강조하는 역할을 한다.
④ 디자인의 초기 시안을 구체화하는 데 사용된다.

해설
텍스트 내용은 디자인의 다른 요소들에 의해 결정되며, 비주얼 모티프는 주로 시각적 요소에 중점을 둔다.

04 시안 제작에서 비주얼 모티프의 역할은?

① 디자인의 색상 조합을 정하는 것이다.
② 디자인의 콘셉트를 명확히 하고 시각적 요소를 표현하는 것이다.
③ 텍스트의 폰트를 선택하는 것이다.
④ 디자인의 기술적 사양을 결정하는 것이다.

해설
비주얼 모티프는 디자인 콘셉트를 명확히 하고 시각적 요소를 표현하는 역할을 한다.

05 1차 시안 제작에 대한 설명으로 옳지 않은 것은?

① 초기 디자인 아이디어를 시각적으로 표현한다.
② 다양한 디자인 옵션을 테스트하고 평가한다.
③ 최종 디자인의 세부 사항을 결정한다.
④ 클라이언트의 피드백을 반영하여 수정할 수 있는 기초를 제공한다.

해설
최종 디자인의 세부 사항은 1차 시안 이후의 단계에서 결정된다.

기출유형 13 ▶ 아이데이션 구체화 방법 – 평면 제작물 유형

신문 광고의 장점에 관한 설명으로 옳지 않은 것은?

① 독자에게 직접 배달되므로 구독자의 수와 독자측이 안정되어 있는 편이다.
② 공공장소에서의 회독률이 높으므로 더욱 높은 광고 효과를 기대할 수 있다.
③ 공신력이 높은 매체의 특성이 광고에도 반영되어 영향력과 설득력이 있다.
④ 광고주의 계획에 따라 광고 집행이 가능하다.

| 정답 | ②

족집게 과외

❶ 신문 및 신문 광고
㉠ 정보 인지 : 다수 독자가 다양한 정보를 빠르게 인지할 수 있도록 구성
㉡ 정보 전달 : 문자, 사진, 일러스트레이션 등을 활용하여 정확한 사실 정보를 제공
㉢ 정기적으로 발행
㉣ 전통적인 광고 매체
㉤ 높은 신뢰성을 가짐
㉥ 매체 수명이 짧아 발행 후 빠르게 소비됨

❷ 잡지 및 잡지 광고
㉠ 정기적으로 간행되는 출판물
㉡ 매체의 수명이 긺
㉢ 표지의 중요성 : 독자가 선택할 때 중요한 요소
㉣ 지면 구성 : 자유로운 지면 구성 및 시간적 여유로 관심을 끌고, 메시지를 세밀하게 전달하며 다양한 측면에서 분석 가능
㉤ 광고 효과 : 높은 회독률로 광고 효과가 큼
㉥ 종류 다양성 : 주간지, 월간지, 전문지, 여성지 등 종류가 다양함

❸ 단행본 서적
㉠ 편집 디자인의 주요 매체
㉡ 디자인 요소 포함 : 표지, 본문, 일러스트레이션, 목차 등의 디자인이 포함
㉢ 표지와 본문 : 표지는 내용을 상징적으로 표현하고, 본문은 시선 흐름을 유도

❹ 포스터(Poster)
㉠ 정보 전달 : 한눈에 내용을 알 수 있도록 제작
㉡ 시각적 효과 : 강렬한 시각적 효과와 높은 주목성을 갖춤
㉢ 문안, 일러스트, 사진을 결합하여 제작
㉣ 용도 : 문화 행사, 공공 캠페인, 상품 광고 등

❺ 브로슈어(Brochure)와 리플릿(Leaflet)
㉠ 지질, 인쇄, 제본의 고급화
㉡ 고객에게 직접 전달
㉢ 상세한 내용 설명과 보관성이 우수
㉣ 용도 : 안내서, 설명서 등 소책자 인쇄물

❻ 카탈로그(Catalogue)
상품의 견본책으로 영업용이나 소개를 목적으로 제작

❼ 팸플릿(Pamphlet)
제본된 작은 책자로 행사 안내에 사용

기출유형 완성하기

정답 01 ④ 02 ① 03 ④ 04 ④ 05 ③

01 인쇄매체 신문 광고의 특성에 대한 것으로 거리가 먼 것은?

① 독자층의 안정성
② 지역성
③ 보존성
④ 지속성

해설
신문 광고는 시간이 지나면 폐기되기 때문에 지속적인 광고 효과를 기대하기 어렵다.

02 다음 중 포스터 광고의 특성으로 옳지 않은 것은?

① 위치 선택이 자유롭지 못하다.
② 크기와 색채에 따라 눈에 띈다.
③ 회화, 디자인, 사진 등 표현에 의한 어필 효과가 크다.
④ 많은 매수를 전시할 수 있다.

해설
포스터 광고는 일반적으로 다양한 위치에 자유롭게 배치할 수 있으며, 디자인에 따라 효과적으로 주목을 끌 수 있다.

03 다음 중 시각디자인 분야에 속하는 것은?

① 자동차와 가전제품의 기능 이해와 모델링
② 주택의 인테리어 설계 및 가구의 구성과 배치
③ 전시장의 작품 디스플레이와 조명 연출
④ 책과 잡지의 출판을 위한 편집과 인쇄 제작

해설
④ 시각디자인 분야는 시각적 요소를 통해 정보를 전달하며, 편집과 인쇄 제작을 포함한다.
① 산업디자인
② 인테리어디자인
③ 전시디자인

04 잡지 광고의 특성으로 가장 적합한 설명은?

① 매체 수명이 짧아 신속한 인상을 주어야 한다.
② 지역적 특성에 맞는 광고 활동에 적합하며, 지역적 탄력성이 강하다.
③ 인쇄 효과가 좋으므로 광고 소구력과 보급률이 빠르다.
④ 한 번에 전국 광고가 가능하며 예상 고객의 도달 범위가 넓다.

해설
잡지 광고는 한 번에 넓은 고객층에 도달할 수 있어 전국적인 광고 캠페인에 적합하다.

05 다음 시각 커뮤니케이션 매체의 특징 중 옳지 않은 것은?

① 편집디자인은 신문, 잡지, 브로슈어, 서적 등에서 시각물을 기능적으로 구성하고, 그 구성 속에 정보의 위계를 탄생시키는 분야이다.
② 캘린더는 정보의 제공과 장식적인 기능도 병행한다.
③ 포스터는 광고 매체로 이용되며, 감각적이고 인상적인 방법이나 장식성은 없다.
④ 포장디자인은 상품을 보호하고 상품의 미적 가치를 높여 판매촉진을 돕는다.

해설
포스터는 강렬한 시각적 효과와 장식성으로 감각적이고 인상적인 광고를 전달한다.

기출유형 14 ▶ 시안 입체 제작물의 유형

제조자와 소비자를 연결해 주는 촉진제가 되며, 유통과정에서 제품을 보호하는 기능을 가져야 하는 디자인은?

① 편집디자인 ② 포장디자인
③ 광고디자인 ④ 기업 이미지 디자인

|정답| ②

족집게 과외

❶ 패키지(Package)
- ㉠ 정보 전달 : 상품 정보를 소비자에게 명확히 전달
- ㉡ 보호 및 이동 : 지기구조 패키지는 대표적인 포장 매체로, 제품을 보호하고 안전하게 이동
- ㉢ 광고 역할 : 쇼핑백은 이동 중 상품 보호와 함께 움직이는 광고 매체로 활용

❷ POP(Point of Purchase)
- ㉠ 광고 매체 : 구매 장소에서 이루어지는 광고 매체
- ㉡ 판매 보조 : 매장에서 판매를 보조하고, 디스플레이 효과를 연출
- ㉢ 용도 : 깃발, 현수막, 배너, 행어, 모빌, 진열대 등

❸ 사인(Sign)
- ㉠ 환경정보구조체 : 환경 정보를 전달하는 구조체
- ㉡ 디자인 : 형태와 기능성을 갖춘 텍스트, 픽토그램 등을 시뮬레이션으로 제작
- ㉢ 종합적 이해 : 색채, 질감, 형태의 조화 필요
- ㉣ 용도 : 간판, 안내 표지판 등

❹ 배너(Banner)
- ㉠ 정보 어플리케이션 : 기업과 브랜드 아이덴티티를 확산하는 용도
- ㉡ 아이덴티티의 일관성과 주변 환경과 조화롭게 제작
- ㉢ 장소 : 실내외에 설치하는 깃발이나 현수막 등
- ㉣ 용도 : 행사, 캠페인, 홍보 등

기출유형 완성하기

정답 01 ③ 02 ① 03 ② 04 ① 05 ①

01 다음 중 패키지의 기능이 아닌 것은?

① 보호성
② 이동성
③ 생산성
④ 광고성

[해설]
생산성은 패키지의 주요 기능이 아니다.

02 사인(Sign)이 사용되는 용도가 아닌 것은?

① 포스터
② 안내 표지판
③ 간판
④ 교통 표지판

[해설]
포스터는 주로 광고나 홍보 용도로 사용되며, 사인은 정보 전달, 방향 안내 등의 용도로 사용된다.

03 다음 중 제품의 정보성, 보호성, 이동 편리성을 갖춰야 할 디자인 분야는?

① 캘린더
② 패키지
③ POP
④ 간판

[해설]
패키지는 제품 보호, 정보 제공, 이동 편리성을 고려하여 디자인된다.

04 POP(Point of Purchase) 광고디자인의 기능으로 적합하지 않은 것은?

① 상품과 소비자의 접점에서는 광고 효과가 낮다.
② 점원의 수고를 덜어 주어 판매 효율을 높일 수 있다.
③ 신제품의 기능과 가격을 강조하는 데 효과적이다.
④ 점내에서 타사 제품보다 유리한 조건으로 주의를 끌어 충동구매를 노린다.

[해설]
POP 광고디자인은 상품과 소비자가 직접 접촉하는 지점에서 광고 효과를 극대화하고, 판매촉진 및 충동구매를 유도한다.

05 패키지 디자인의 필수 기능이 아닌 것은?

① 재질의 경량화
② 상품의 보존과 보호성
③ 제품의 유통과 사용상의 편리성
④ 제품의 정보성

[해설]
패키지 디자인에서 경량화는 부가적인 고려 사항이며 필수 기능으로 간주되지 않는다.

CHAPTER 02 아트워크

PART 3 시안 디자인 개발 기초

기출유형 15 ▶ 레이아웃의 설정과 유형

레이아웃의 조건이 아닌 것은?
① 가독성　　　　　　② 심화성
③ 조형성　　　　　　④ 일관성

| 정답 | ②

족집게 과외

❶ 아트워크(Artwork)
㉠ 디자인 콘셉트에 맞춰 시각 자료를 활용하여 창의적인 디자인 이미지를 만들어 낸 작품
㉡ 다양한 시안으로 커뮤니케이션 진행
㉢ 소프트웨어를 이용한 이미지, 타이포그래피, 컬러, 레이아웃 포함
㉣ 최종 완성된 디자인 결과물로 실제 제작에 사용
㉤ 프로젝트에 따라 2차 시안으로 심화될 수 있음

❷ 결과물 특성에 따른 시안 제작
㉠ 시안 디자인은 디자인 콘셉트에 맞게 제작된 초안
㉡ 디자인 과정에서 클라이언트의 피드백과 수정 반영
㉢ 디자인 소프트웨어를 활용한 이미지 표현, 콘셉트에 적합한 타이포그래피 사용, 컬러의 적용과 레이아웃의 구성 등 포함

❸ 레이아웃(Layout)
㉠ 시각 요소를 효과적으로 배열
㉡ 구조적, 심미적 배치를 다룸
㉢ 가독성, 조형성, 독창성의 조화가 필요
㉣ 인쇄물, 웹, 영상 그래픽 등 모든 매체에 적용

❹ 레이아웃의 설정
시각적 아이덴티티, 콘셉트의 구체화, 정보 구조의 최적화
㉠ 일관성 : 텍스트와 이미지에 규칙적 리듬감을 구현
㉡ 집중과 분산 : 운동감과 생동감을 조절, 여백은 집중을 높임
㉢ 위계 구조 : 정보 파악을 위한 시선 순서 결정
㉣ 스토리 구조 : 정보와 시각적 요소를 결합해 스토리를 인지

시선
- 이미지 : 시선 이동의 핵심 요소
- 결정 요소 : 이미지의 크기, 위치, 명암, 개성에 따라 시선이 유도됨

❺ **8가지 레이아웃의 유형**
   ㉠ 미국 링글링 예술디자인학교 킴벌리 일램의 〈Typographic Systems〉 참조
   ㉡ 효율적인 정보 전달을 위한 시스템
   ㉢ 편집디자인을 기반으로 기능성, 아이덴티티, 심미성 반영
   ㉣ 톤, 구조, 의미를 표현하는 방식

축 레이아웃	정보 요소가 축을 중심으로 대칭 정렬되어 시각적 주목성을 높임
방사형 레이아웃	정보 요소가 한 점에서 방사형으로 뻗어 크기 변화를 연출
확장형 레이아웃	정보 요소가 중심점 주위로 둥글게 퍼져 리듬감을 연출
불규칙 레이아웃	정보 요소가 불규칙하게 배치되어 시각적 다이내믹을 형성
그리드 레이아웃	• 정보 요소가 수평·수직으로 교차해 매트릭스를 형성 • 편집 디자인에 적용
전이적 레이아웃	정보 요소가 질서 없이 겹쳐 개방감을 형성
모듈 시스템 레이아웃	정보 요소가 그룹핑되지만 규칙성이 없음
양단 시스템 레이아웃	정보 요소가 두 주요 축을 기준으로 대칭을 이룸

프리 레이아웃과 그리드 레이아웃

프리 방식 (Freeform Layout)	• 창의적, 유기적 배열 • 불규칙, 전이적 레이아웃
그리드 방식 (Grid Layout)	• 규칙적, 정형적 배열 • 축, 방사형, 확장형, 그리드, 모듈시스템, 양단시스템

기출유형 완성하기

정답 01 ① 02 ② 03 ② 04 ② 05 ③

01 편집디자인의 레이아웃에 관한 설명으로 옳은 것은?

① 레이아웃 형태는 프리 방식과 그리드 방식으로 나눌 수 있다.
② 레이아웃 형태는 그리드 방식과 모듈 방식으로 나눌 수 있다.
③ 프리 방식은 모듈에 의한 구성과 그 구조에 의존하는 방식이다.
④ 그리드 방식은 디자이너의 직관력에 의존한다.

해설
레이아웃 형태는 프리 방식과 그리드 방식으로 나눌 수 있다.
- 프리 방식 : 자유롭게 구성
- 그리드 방식 : 정해진 격자에 따라 배치

02 다음 중 레이아웃 설정에서 가장 중요한 요소는 무엇인가?

① 색상
② 배치와 간격
③ 여백
④ 이미지 크기

해설
레이아웃 설정에서 배치와 간격은 시각적 요소를 효과적으로 배열하여 사용자가 쉽게 이해하는 데 중요한 역할을 한다. 이를 돕기 위해 크기, 색상, 여백 등의 디자인 원리가 활용된다.

03 다음 중 시각적 요소를 구조적으로 배치하여 디자인의 시각적 조직을 만드는 과정은?

① 비주얼 아이덴티티
② 레이아웃
③ 타이포그래피
④ 스토리보드

해설
① 브랜드의 시각적 요소를 정의
③ 글자의 디자인과 배치
④ 시각적 플로우를 계획하는 도구

04 정보 요소가 수평 및 수직으로 교차하여 구조를 형성하는 레이아웃 유형은?

① 비대칭 레이아웃
② 그리드 레이아웃
③ 비주얼 레이아웃
④ 스토리보드 레이아웃

해설
그리드 레이아웃은 정보 요소가 수평 및 수직으로 교차하여 규칙적이고 체계적인 구조를 형성한다.

05 다음 중 레이아웃의 유형으로 옳지 않은 것은?

① 방사형 레이아웃
② 그리드 레이아웃
③ 비주얼 레이아웃
④ 확장형 레이아웃

해설
① 중심점에서 방사형으로 배치
② 수평과 수직의 교차 구조
④ 정보 요소가 확장되어 배치

기출유형 16 ▶ 타이포그래피(Typography) 아트워크

타이포그래피에서 본문용 타입(Type)의 특성으로 가장 중요한 것은?

① 가독성 ② 주목성
③ 심미성 ④ 적정성

| 정답 | ①

족집게 과외

❶ 타이포그래피 개념
- ㉠ 시각 커뮤니케이션의 핵심
- ㉡ 활자의 시각적 표현 및 레이아웃
- ㉢ 서체로 정보와 콘셉트 전달
- ㉣ 서체 변형, 캘리그래피, 이미지 결합
- ㉤ 기능적·심미적 요건 적용

❷ 타이포그래피의 기능적 요건
- ㉠ 정보 커뮤니케이션 : 타입 페이스로 감성적 연출
- ㉡ 매체별 요구 기능 : 매체에 따라 타입 페이스 조정
- ㉢ 가독성 및 판독성 : 서체로 정보 이해 및 구분 용이
- ㉣ 주목성 : 서체 형태, 컬러, 질감으로 콘셉트 강화
- ㉤ 시인성 : 크기, 밀도, 색 차이로 인식 용이

> **Tip** ✓
> - 가독성(Legibility) : 내용을 쉽게 이해할 수 있는 정도
> - 판독성(Readability) : 텍스트를 쉽게 구분할 수 있는 정도

❸ 타이포그래피의 심미적 요건
- ㉠ 구성 요소 조화
  서체는 이미지와 조화를 이루고, 일관성을 위해 서체 종류를 제한하며, 변화를 줄 수 있음
- ㉡ 콘셉트 심미적 연출
  서체는 스타일과 구조로 정서적 효과를 줌

❹ 서체의 활용
- ㉠ 세리프, 명조 계열 서체

  Type

  - 글자의 세로획 끝에 장식이 있는 서체
  - 높은 가독성
  - 본문용 서체로 사용
    예 타임스체, 명조체 등

- ㉡ 산세리프, 고딕 계열 서체

  Type

  - 수직선이 곧게 내려오는 서체
  - 명쾌하고 현대적인 느낌
  - 제목, 표지, 본문용으로 사용
    예 헬베티카, 고딕체 등

- ㉢ 스크립트 체
  - 감성적이고 아날로그적인 개성
  - 본문 사용 시 가독성 저하와 피로감 유발
    예 캘리그래피(Calligraphy), 필기체 등

⑤ 텍스트 요소 배치

㉠ 글줄의 길이 조정
- 글줄 정렬 방식
  - 가독성, 감정, 개성, 공간 표현 등에 영향을 줌
  - 정렬 방식 : 왼쪽, 오른쪽, 양쪽, 가운데, 비대칭
  - 본문은 양 끝 맞추기 방식 사용
- 들여쓰기와 내어쓰기
  - 텍스트 가독성과 시각적 일관성에 영향을 줌
  - 단락의 시작과 끝 파악 용이
  - 정보에 리듬을 부여
  - 내어쓰기 : 단락의 인덱스 역할
  - 정보 이해와 기억에 도움을 줌

㉡ 문장 단락 내 공간의 조절
- 자간의 조절
  자간이 좁으면 결속력 높지만, 너무 좁으면 가독성 저하 및 판독 오류 발생
- 행간의 조절
  넓은 행간은 가독성이 증가하지만, 너무 넓으면 읽기 속도와 정보 인지 저하

> **Tip** ✓
>
> **TTF(True Type Font)와 OTF(Open Type Font)**
> - TTF(True Type Font) : 애플과 마이크로소프트에서 개발한 글꼴 형식으로 가장 일반적으로 사용. 주로 문서 작업에 사용
> - OTF(Open Type Font) : 어도비와 마이크로소프트가 협력하여 개발한 글꼴 형식으로 TTF보다 더 많은 기능 제공. 주로 그래픽 디자인에 사용

기출유형 완성하기

정답 01 ① 02 ② 03 ② 04 ④ 05 ②

01 타이포그래피의 가독성에 관한 설명으로 옳은 것은?

① 판독성이 높은 활자 꼴이라도 짜임이나 배치가 좋지 못하면 읽기 어려워질 수도 있다.
② 한글의 경우는 영문의 경우보다 조금 더 행간을 좁혀야 가독성이 높아진다.
③ 영문의 경우 모두 다 대문자로 이루어진 문장보다 대소문자 섞여 있는 문장이 가독성을 떨어뜨린다.
④ 본문의 오른쪽 맞추기 정렬 방법을 취했을 때 가독성이 높아진다.

해설
판독성이 높은 활자라도 문자의 짜임이나 배치가 불안정하거나 비효율적이면 읽기 어려울 수 있다.

02 다음이 설명하는 서체는 무엇인가?

> 국문이나 한자 서체의 일종으로, 가로선이 세로선보다 가늘다. 세리프(Serif)가 있는 글씨체를 말하며, 다른 글자체에 비해 비교적 가독성이 높고 주로 본문용으로 사용되어진다.

① 고딕체
② 명조체
③ 그래픽체
④ 헤드라인체

해설
명조체는 세로선이 가로선보다 가늘고, 세리프(Serif)가 있는 서체로 가독성이 높아 주로 본문용으로 사용되며, 고딕체는 세리프가 없는 서체이다.

03 컴퓨터그래픽에서 고가의 폰트 박스 없이 저렴하게 고품질을 사용하고자 애플컴퓨터와 마이크로소프트가 공동으로 개발한 디지털 폰트 포맷은?

① 포스트 스크립트(Postscript)
② 트루 타입 폰트(True Type Font)
③ CID-Keyed 폰트
④ 오픈 타입 폰트(Open Type Font)

해설
- 트루 타입 폰트 : 애플과 마이크로소프트가 개발한 저렴한 고품질 폰트
- 오픈 타입 폰트 : 트루 타입을 확장한 포맷으로 더 많은 기능을 제공

04 다음 중 글자를 굵게 표시하도록 해주는 속성은?

① Outline
② Underline
③ Italic
④ Bold

해설
① 글자에 외곽선 추가
② 글자 아래에 밑줄 추가
③ 글자에 기울기를 줌

05 다음 중 문자의 결속력과 읽기 속도에 영향을 미치는 요소로 옳은 것은?

① 행간
② 자간
③ 문단 여백
④ 텍스트 정렬

해설
자간은 문자의 간격을 조절하여 결속력과 읽기 속도에 영향을 주고, 행간, 문단 여백, 텍스트 정렬은 레이아웃과 가독성에 영향을 준다.

기출유형 17 ▶ 컬러 아트워크

다음 중 색채 감성을 파악하기 위한 도구로 가장 적절한 것은?

① CMYK 색상 모델
② 색상환
③ I.R.I 이미지 스케일
④ 색상 대비 차트

| 정답 | ③

족집게 과외

❶ 개념
- ㉠ 매체의 콘셉트와 아이덴티티 조성
- ㉡ 이미지와 텍스트의 정보 체계 및 위계 구축
- ㉢ 감성적 메시지 전달

❷ 컬러 아이덴티티 구축 계획
- ㉠ 색채는 문화적 특성에 따라 고유의 의미를 가짐
  - 일반적 의미 : 공통적으로 통용되는 색
  - 개별적 의미 : 특정 문화의 선호 색과 기피 색 등
- ㉡ 기업과 브랜드의 색상은 아이덴티티와 차별화에 기여
- ㉢ 아이덴티티 색은 패키지와 광고에서 강조됨

❸ I.R.I 이미지 스케일
- ㉠ 국내에서 일반적으로 사용되는 색채 감성 스케일
- ㉡ 1996년에 표본 조사로 제작된 감성 척도
- ㉢ 무료로 다운로드 가능하며, 국내에서 널리 사용됨

❹ 정보 구조 컬러 계획
- ㉠ 색상·명도·채도의 변화로 정보 체계 구조화
- ㉡ 색은 구조에 따라 개별 위치를 가짐
- ㉢ 색채는 정보그래픽과 사인 시스템에서 가치를 높임

❺ 색의 면적에 의한 컬러 계획
- ㉠ 색은 면적과 속성에 따라 시각적 효과가 달라짐
- ㉡ 큰 면적 색은 밝고 선명하며, 작은 면적 색은 어둡고 탁함
- ㉢ 따뜻하고 채도가 높은 색은 더 넓어 보임
- ㉣ 색 면적 계획은 매체 크기와 정보량을 고려

❻ 톤과 분위기 연출을 위한 컬러 계획
- ㉠ 색채는 톤 앤 매너(Tone & Manner)를 형성
- ㉡ 색상, 투명도, 그라데이션으로 색채 감성을 연출

❼ 색의 대비와 조화를 위한 배색 적용
- ㉠ 배색과 대비
  - 배색 : 색 조합으로 콘셉트를 구체화
  - 색상 대비 : 명도와 채도가 유사할 때 시각적으로 선명함과 쾌적함
  - 명도 대비 : 명도의 변화로 부드러운 감성 표현
  - 채도 대비 : 채도의 변화로 주목성과 연계성 표현
  - 보색 대비 : 반대 색으로 정보의 명확성 연출
- ㉡ 배색의 대표적인 유형

동일색 배색	• 주조색과 비슷한 명도와 채도의 색상 사용 • 자연스러움, 안정성 연출 • 평이한 이미지로 주목성 낮음 • 보조색과 함께 그라데이션 배색 가능 • 톤 온 톤(Tone on Tone) 배색이 대표적
유사색 배색	• 색상환에서 주조색과 인접한 색 사용 • 안정성 연출
반대색 배색	• 색상환에서 보색으로 배색 • 명확성 및 다이내믹한 감성 표현 • 강한 톤과 명도 차이

> **Tip**
> - 톤 온 톤(Tone on Tone) : 동일 색상의 톤 차이를 이용한 배색
> - 톤 인 톤(Tone in Tone) : 유사한 색상에서 비슷한 톤을 이용한 배색

기출유형 완성하기

정답 01 ③ 02 ④ 03 ③ 04 ④ 05 ②

01 다음 중 색채 감성을 측정하는 데 사용되는 도구는?

① 색상 대비 표준
② 색상 혼합법
③ I.R.I 이미지 스케일
④ 색상 분석기

해설
I.R.I 이미지 스케일은 색채 감성을 측정하기 위해 사용되며, 색상 대비 표준, 색상 혼합법, 색상 분석기는 색상 조정이나 분석에 관련된 도구이다.

02 컬러 아이덴티티 구축의 목적이 아닌 것은?

① 브랜드의 시각적 차별화
② 기업의 경쟁 우위 확보
③ 색상의 감성적 연출
④ 색상 선택의 임의성 유지

해설
컬러 아이덴티티 구축의 목적은 브랜드의 시각적 차별화, 기업의 경쟁 우위 확보, 색상의 감성적 연출이며, 색상 선택은 일관성을 유지하며 전략적으로 결정되어야 한다.

03 컬러 아이덴티티 구축 시 고려해야 할 요소로 옳지 않은 것은?

① 색상 선택의 일관성
② 문화적 의미와 상징성
③ 색상 배합의 자유로움
④ 브랜드의 시각적 정체성 강화

해설
컬러 아이덴티티 구축 시 색상 배합의 자유로움은 일관성을 유지하는 데 방해가 된다.

04 배색에 관한 설명 중 옳지 않은 것은?

① 강조색은 작은 면적으로 효과를 극대화할 때 사용하고 배색의 지루함을 없애준다.
② 배색에서 전체적으로 가장 많은 면적과 기능을 차지하는 것을 주조색이라 한다.
③ 여러 가지 색을 서로 어울리게 배열하는 것으로 기능, 목적, 효용에 따라 다양한 방법이 있다.
④ 톤 온 톤(Tone on Tone) 배색은 무채색에 의한 분리 효과를 표현한 배색이다.

해설
톤 온 톤 배색은 동일 색상의 다양한 톤을 사용하여 색상 변화를 표현하는 방법이다.

05 톤을 이용한 배색 중 톤 인 톤(Tone in Tone) 배색에 대한 내용 중 옳은 것은?

① 서로 반대되는 색상 톤의 조합이다.
② 인접하거나 유사 색상 내에서 비슷한 톤으로 볼 수 있다.
③ 비콜로 배색도 톤 인 톤 배색과 같은 종류로 볼 수 있다.
④ 고채도 영역의 톤에서는 색상의 선택에 따라 보색 대비 효과가 있다.

해설
톤 인 톤(Tone in Tone) 배색은 유사한 색상에서 비슷한 톤을 사용하여 색상 차이를 표현하는 방법이다.

PART 4
시안 디자인 개발 응용

CHAPTER 01 시안 개발 응용

CHAPTER 02 아트워크 응용

CHAPTER 03 베리에이션 좁히기

CHAPTER 01 시안 개발 응용

PART 4 시안 디자인 개발 응용

기출유형 18 ▶ 정보 데이터 시각화 방법

데이터, 통계 또는 복잡한 정보를 시각적으로 간결하게 전달하는 도구는?
① 로고 타입 ② 정보그래픽
③ 레이아웃 그리드 ④ 플렉서블 아이덴티티

|정답| ②

족집게 과외

❶ 정보그래픽의 특징
- ㉠ 사용자가 정보체계를 쉽고 명확하게 이해할 수 있도록 시각화하는 방식
- ㉡ 시각디자인 결과물 구성 요소 : 이미지, 텍스트, 정보그래픽
- ㉢ 정보의 양과 구조, 수록되는 인쇄 매체에 따라 다양한 방식으로 제작
- ㉣ 정량적 데이터와 정성적 텍스트 정보를 명확하고 직관적으로 구현
  - 정량적 데이터 : 계량적(측정 가능), 수치적인 데이터(예 판매량, 온도, 거리 등)
  - 정성적 데이터 : 수치로 표현할 수 없는 특성을 언어로 표현(예 감정, 의견, 경험 등)
- ㉤ 정보그래픽은 주로 다이어그램으로 표현

Tip
- 데이터 : 개별 정보 단서로 정량 데이터와 정성 데이터로 구성
- 정보 : 연관된 데이터를 선별해 의미체계로 만든 구조
- 지식 : 정보를 수집하고 체계적으로 정리하여 정보체계의 생성 및 유추, 파악을 가능하게 하는 의미 체계

❷ 이미지와 스토리
- ㉠ 선형적 스토리
  구성 요소가 순차적으로 배치된 구조
- ㉡ 위계적 스토리
  - 시각 정보 요소가 계열화되어 위계적 트리 구조를 이룸
  - 사용자는 정보의 위계와 구조를 명확히 파악할 수 있음
- ㉢ 유기적 스토리
  인과관계에 의해 불규칙하게 연결된 구조로, 사용자가 역동적인 정보 관계를 파악할 수 있음

❸ 이미지와 의미의 기호학적 측면
- ㉠ 즉시적(Iconic) 이미지
  - 이미지와 의미가 동일한 상태
  - 신뢰감 형성, 명확한 정보 전달
  - 예 광고, 패키지
- ㉡ 상징적(Symbolic) 이미지
  이미지와 의미가 별개로 사회적·관습적으로 약속 또는 학습된 관계
  예 포스터, 책 표지 디자인
- ㉢ 지시적(Index) 이미지
  이미지는 지시대상의 관계를 형성하는 신호 역할
  예 광고, 포스터

❹ **스토리 중심의 이미지 적용**
  ㉠ 시점 중심의 이미지 전개

원근 시점	• 대상체의 정면과 반측면이 두께와 거리감을 형성 • 투시적 시점은 원근법으로 표현 • 르네상스 원근법은 시선 중심으로 대상을 조망하고 소유하려는 욕망을 반영 • 중앙 시선과 소실점 거리가 멀수록 깊이감과 몰입감을 높임 • 카메라 촬영 컷, 일러스트레이션, 3D 모델링으로 표현
평면적 시점	• 정면만 보여 두께와 거리감을 느낄 수 없음 • 대상체의 존재감을 강조하는 데 활용 • 시점 개입이 없어 정보의 신뢰감 형성 • 사실적 표현, 설명적 도해, 상황 설명에 적합

  ㉡ 이미지 내용(Contents)과 표현(Expression)의 층위
  • 내용과 표현이 유사한 이미지
    광고나 패키지에서 제품 정보를 명확히 전달
  • 내용과 표현이 상이한 이미지
    인지적 노력을 통해 이미지의 창의적 해석 가능

> **Tip** ✓
> • 내용 : 이미지에 숨겨진 메시지를 담아 전달
> • 표현 : 이미지는 시점에 따라 형상과 색조로 분위기를 형성

❺ **정보 데이터 유형 분석**

사실 (Facts)	사실을 빠르게 인지할 수 있도록 간단명료한 형태
개념 (Concepts)	정의를 형태와 텍스트로 간단명료한 형태
절차 (Procedures)	수행을 순차적으로 인지할 수 있는 연속적 형태
원리 (Principles)	특정 구조의 작동 원리 및 진행 과정의 간단명료한 형태
이야기 (Stories)	이야기의 전개가 순차적이고 위계적으로 연결된 구조

기출유형 완성하기

정답 01 ③ 02 ② 03 ③ 04 ② 05 ③

01 특정 개념이나 아이디어를 단순화하여 시각적으로 표현하며, 특정 메시지나 감정을 전달하는 것은?

① 그래픽 모티프
② 비주얼 모티프
③ 상징적 이미지
④ 아이콘 세트

해설
① 특정 주제나 스타일 강조
② 특정 테마나 개념을 시각적으로 표현
④ 특정 주제나 기능을 나타내기 위한 일관된 스타일의 아이콘 모음

02 스토리 중심의 시각적 표현에서 시점의 깊이감이나 입체감 없이 단순화된 형태로 구성되는 시점은?

① 원근법적 시점
② 평면적 시점
③ 동적 시점
④ 입체적 시점

해설
① 깊이감과 입체감의 표현을 위한 원근법 사용
③ 움직임과 변화의 감각을 전달하기 위한 시각적 표현
④ 3차원적 깊이와 입체감 표현

03 일반적인 도표나 차트보다 더 창의적으로 정보를 시각화하여 전달하는 도구는?

① 서체
② 아이콘
③ 정보그래픽
④ 색상 팔레트

해설
정보그래픽은 시각적으로 데이터와 정보를 창의적으로 표현하여 이해하기 쉽게 전달하는 도구이다.

04 정보그래픽의 주요 특징으로 가장 적절한 것은?

① 색상과 텍스트의 다양성을 통해 정서적 반응을 표현한다.
② 복잡한 정보를 시각적으로 단순화하여 명확하게 전달한다.
③ 고유한 타이포그래피 스타일을 통해 브랜드 아이덴티티를 표현한다.
④ 정보그래픽은 주로 브레인스토밍으로 구현된다.

해설
정보그래픽은 복잡한 정보를 시각적으로 단순화하여 직관적이고 명확하게 전달하는 도구로, 쉬운 이해와 분석이 가능하다.

05 다음 중 정량적 데이터의 예로 가장 적절한 것은?

① 고객의 만족도 의견
② 소셜 미디어 포스트의 감정 분석
③ 매출액, 고객 수, 시장 점유율
④ 고객 서비스 경험에 대한 서술적 피드백

해설
매출액, 고객 수, 시장 점유율 등은 숫자로 측정되고 분석할 수 있는 데이터로, 정량적 데이터에 해당한다.

CHAPTER 02 아트워크 응용

PART 4 시안 디자인 개발 응용

기출유형 19 ▶ 디자인 개발 전개

아이덴티티 디자인의 기본 시스템에 속하지 않는 것은?

① 심벌마크 ② 컬러
③ 사인 ④ 로고 타입

| 정답 | ③

족집게 과외

❶ 브랜드 아이덴티티 시안 제작 단계

1단계	브랜드 요구사항 파악, 시장 환경조사, 트렌드 조사, 사용자 조사
2단계	브랜드 포지셔닝(브랜드 퍼스널리티 도출)
3단계	핵심 키워드
4단계	비주얼 모티브
5단계	심벌, 로고 타입
6단계	그래픽 모티프, 아이덴티티 컬러, 전용 서체

> **Tip** ✓
> - 브랜드 아이덴티티 시안의 다각화와 계열화는 디자인 콘셉트를 효과적으로 반영하고 시안 제시의 효용성을 높임
> - 베이직 시스템은 브랜드를 시각적 상징으로 표현
> - 베이직 시스템은 시그니처를 중심으로 하며 어플리케이션은 일관된 정립이 중요

❷ 브랜드 아이덴티티 베이직 시스템 구성

심벌마크	• 기본형(매체의 적용에 항상 기본이 되는 성격) • 응용형(매체의 조건에 용이하게 적용하는 플렉서블 아이덴티티) • 장식형(엠블럼 등)
로고 타입	• 국·영문 조건(공식 명칭, 활용형, 축약형 로고 타입) • 기타 외국어 로고 타입
시그니처	• 심벌과 로고 등을 일정한 규칙에 의해 조합된 형태 • 상하, 좌우 조합(국·영문) • 기타 조합(국·영문 혼용 등)
지정 컬러	• 전용 색상정보(CMYK, 먼셀 코드 등) • 컬러 사용과 활용 규정 • 사용 금지 규정 등
지정 서체	일반매체 적용에 필요한 국·영문 폰트
그래픽 모티프	• 심벌 이미지를 확장시키는 그래픽 패턴 • 어플리케이션에 활용할 별도의 그래픽
캐릭터	• 상징적인 기능의 마스코트 • 다양한 동작 표현이 가능한 단일 캐릭터

> **Tip** ✓
>
> 모티프(Motif)와 모티브(Motive)
> - 모티프(Motif) : 디자인 내에서 반복되는 형태나 패턴을 통해 주제를 시각적으로 표현(예) 패턴)
> - 모티브(Motive) : 디자인을 통해 전달하려는 메시지나 의미(예) 자연의 메시지 : 나뭇잎, 물방울 등으로 표현)

기출유형 완성하기

정답 01 ③ 02 ② 03 ③ 04 ④ 05 ②

01 기업 또는 제품의 개성이나 특징을 표현한 아이 캐처로서 인물, 동식물의 의인화, 연상화 등으로 해학적 표현을 한 것은?

① 로고 타입
② 심벌마크
③ 마스코트
④ 시그니처

해설
① 텍스트 중심의 디자인 요소
② 브랜드의 상징 기호나 이미지
④ 브랜드의 디자인 요소를 일관되게 조합하여 규정한 시각적 표현

02 다음 중 브랜드 아이덴티티를 가장 적절하게 설명한 것은?

① 브랜드의 지명도를 높이기 위해 이벤트나 광고로 판매촉진을 하는 일
② 브랜드 구성 요소를 일관성·주체성 있게 좋은 이미지로 형성시키는 것
③ 상품을 수출하기 위해 상표명을 영문자로 통일하여 표기하는 일
④ 상품에 이름을 붙여 사전에 테스트하여 수요 예측을 미리 해보는 것

해설
브랜드 아이덴티티는 브랜드의 일관된 시각적 요소와 전략적 메시지를 통해 브랜드의 정체성을 강화하는 것을 의미하며, 마케팅 활동, 상표관리, 시장조사는 브랜드 아이덴티티와 관련이 없다.

03 브랜드 아이덴티티(Brand Identity)의 구성 요소로 거리가 먼 것은?

① 브랜드 슬로건(Bran Slogan)
② 브랜드 로고 타입(Brand Logotype)
③ 가격(Price)
④ 네이밍(Naming)

해설
가격(Price)은 브랜드의 마케팅 전략이나 제품의 시장 위치를 결정하는 요소로, 브랜드 아이덴티티 자체를 구성하는 요소는 아니다.

04 아이덴티티 디자인(Identity Design)에 있어서 심벌, 로고 등을 상호 유기적인 응용 형태로 조합하여 활용 규정으로 만들어 놓은 것을 일컫는 말은?

① 로고타입(Logotype)
② 마스코트(Mascot)
③ 그래픽 모티프(Graphic Motif)
④ 시그니처(Signature)

해설
① 브랜드 명칭에 시각적 아이덴티티를 적용한 그래픽 이미지
② 브랜드를 상징하는 캐릭터
③ 반복되는 디자인 요소로 브랜드 스타일 강화

05 베이직 시스템의 역할로 적절한 것은?

① 사용자 맞춤형 디자인 적용
② 일관된 시각적 정체성을 유지
③ 유연한 디자인 접근 방식을 지원
④ 디자인 요소의 혼합

해설
베이직 시스템은 디자인 요소를 고정된 형태로 유지하여 브랜드의 일관성과 통일성을 확보하는 역할을 한다.

기출유형 20 ▶ 디자인 모티프 개발 및 응용

브랜드 아이덴티티의 유연성을 강조하며, 다양한 상황에 맞게 변형되면서도 브랜드의 통일성을 유지하는 시스템은?

① 고정형 아이덴티티
② 플렉서블 아이덴티티
③ 전통적 아이덴티티
④ CI 아이덴티티

| 정답 | ②

족집게 과외

❶ 브랜드 심벌을 위한 비주얼 모티프(Visual Motif)

㉠ CI와 BI 개발은 심벌과 로고 타입으로 브랜드의 시각적 정체성을 구현하는 디자인 작업
㉡ 어플리케이션에 적용되는 로고 타입 시그니처는 동일한 형태를 유지해야 함
㉢ 최근에는 고정된 심벌 대신 플렉서블 아이덴티티가 주목받고 있음

> **Tip** ✓
> - CI(Corporate Identity) : 기업이나 조직의 고유한 시각적 및 비주얼 아이덴티티
> - BI(Brand Identity) : 브랜드의 시각적·감성적 요소를 포함하는 전체적인 아이덴티티
> - 플렉서블 아이덴티티(Flexible Identity) : 브랜드의 상황, 일시, 조직, 브랜딩 유형에 따라 유연하게 변화하는 아이덴티티

㉣ 비주얼 모티프 개발 단계

1단계	기업조사, 시장조사, 사용자 조사
2단계	키워드 그룹
3단계	핵심 키워드
4단계	비주얼 모티프

❷ 비주얼 모티프를 바탕으로 한 그래픽 모티프(Graphic Motif)

㉠ 비주얼 모티프는 브랜드 심벌 시안의 개발 도구
㉡ 비주얼 모티프는 콘셉트가 구체화 되는 초반의 창의적인 시각 요소
㉢ 브랜드 베이직 시스템은 심벌과 로고 타입을 중심으로 함
㉣ 브랜드 베이직 시스템에서는 전용 색상, 전용 서체, 그래픽 모티프(Graphic Motif)를 개발
㉤ 그래픽 모티프는 브랜드 가이드 라인에 수록되어 어플리케이션에 다양하게 적용
㉥ 그래픽 모티프의 개발 단계

1단계	핵심 키워드로 콘셉트의 시각화 아이디어를 구상
2단계	통합성과 플렉서블 형태를 가진 아이덴티티 스케치를 선정해 정교화
3단계	그래픽 모티프 형태 이미지를 시안 디자인으로 개발

❸ **플렉서블 아이덴티티(Flexible Identity)**
  ㉠ 통일성을 유지하며 메시지와 환경에 따라 유연한 아이덴티티 시스템
  ㉡ 시각적으로 변할 수 있고, 경험적인 요소를 포함
  ㉢ 변화하는 미디어 환경에 적응하고 소비자와 소통하기 위해 도입된 시스템
  ㉣ 심벌마크는 독립 사용하거나 다른 요소와 조합해 사용
  ㉤ 브랜드 아이덴티티는 가변 조건에 따라 변화할 수 있음
  ㉥ 플렉서블 아이덴티티의 표현 유형

내적 유연성	심벌의 외형은 고정하되 색상이나 패턴을 바꿔서 동적인 아이덴티티를 형성하고 통일성 유지
외적 유연성	• 심벌의 기본 형태를 유지하며 상황에 맞춰 보조 요소를 추가·변형하는 방식 • 내적 유연성보다 배치에 의한 폭넓은 변화 가능
동적 유연성	• 심벌의 색과 형태 등을 변형해 연속적이고 운동적인 변화를 줌 • 심벌은 시간이나 공간에 따라 변형되며, 영상 매체에서 효과적 • 내적 및 외적 형태 변화 포함

기출유형 완성하기

정답 01 ④ 02 ② 03 ② 04 ② 05 ②

01 다음 중 그래픽 모티프(Graphic Motif)에 속하지 않는 것은?

① 색상
② 아이콘
③ 패턴
④ 아이덴티티

해설
그래픽 모티프는 색상, 패턴, 아이콘, 심벌, 텍스처 등 다양한 형태로 나타나며, 디자인의 특정 메시지를 전달하는 역할을 한다. 아이덴티티는 브랜드의 전체적인 정체성을 의미하는 개념이다.

02 비주얼 모티프의 정의로 가장 적절한 것은?

① 브랜드 컬러를 선택하는 과정
② 디자인에서 반복적으로 사용되는 시각적 요소
③ 로고와 심벌마크의 재배치
④ 텍스트 활용 위주의 디자인 기법

해설
비주얼 모티프는 특정 디자인에서 반복적으로 사용되어 시각적 일관성을 유지하고 메시지를 전달하는 요소이다.

03 그래픽 모티프는 디자인 과정에서 주로 어떤 단계에서 사용되는가?

① 조사 및 기획 단계
② 시각적 콘셉트 구체화 단계
③ 마케팅 전력 수립 단계
④ 키워드 도출 단계

해설
그래픽 모티프는 디자인의 시각적 콘셉트를 구체화하는 과정에서 사용되며, 디자인의 일관성과 개성을 강화시켜 브랜드의 시각적 언어를 형성한다.

04 다음 중 플렉서블 아이덴티티의 주요 특징은?

① 심벌을 고정된 형태로 유지
② 시각적 요소를 일관되게 변형
③ 로고의 크기를 고정
④ 동일한 색상만 사용

해설
플렉서블 아이덴티티는 다양한 상황에 맞게 로고, 색상, 패턴 등의 시각적 요소를 유연하게 변형하면서도 브랜드의 일관성과 통일성을 유지한다.

05 다음 중 플렉서블 아이덴티티의 장점으로 가장 적절한 것은?

① 모든 매체에서 동일한 형태만 사용
② 다양한 매체와 상황에 맞춰 변형 가능
③ 브랜드 로고의 위치 고정
④ 고정된 이미지와 텍스트의 사용

해설
플렉서블 아이덴티티는 변화하는 미디어 환경에 적응하고 소비자와 소통하기 위해 도입된 시스템으로, 다양한 매체와 상황에 맞도록 유연하게 변형할 수 있다.

CHAPTER 02 | 아트워크 응용

기출유형 21 ▶ 디자인 아이덴티티 개발

기업의 존재를 알리는 가장 효율적인 시각적 수단은?

① 기업의 심벌마크 ② 기업의 인적 구성
③ 기업의 예산 ④ 기업의 세일즈 활동

| 정답 | ①

족집게 과외

❶ 심벌(Symbol)

㉠ 심벌의 개요
- 마크와 상표를 상징
- 브랜드 의미, 철학, 비전, 차별화된 특성 포함
- 기업과 단체의 특성, 형태, 색채 등 스타일 트렌드를 반영

㉡ 심벌 스타일 트렌드

연결/ 오버랩	• 심벌의 대표적인 형태로 평면적인 심벌에 심도를 줌 • 막대 · 점 · 원형 등 간결한 형태가 반복되는 디자인 • 디지털 시스템 기업의 심벌마크에 사용
심플/ 미니멀	• 간결함과 표준화를 지향 • 최신 서비스와 비전을 제시하는 산업군에서 선호 • 기하학적 미니멀 형태와 텍스트 구조화를 통해 의미를 가짐
유기적/ 다이내믹	• 가변성을 선호해 유기적이고 다이내믹한 심벌이 증가하고 있음 • 미래 비전을 담은 융합형 ICT 브랜드에서 선호 • 플렉서블 아이덴티티로 유기적 형태소 심벌 개발이 증가할 수 있음

㉢ 심벌 형태 베리에이션을 위한 형태 제너레이터(Shape Generator) : 핵심 키워드를 기본 형태로 대입해 두 가지 형태소를 다양하게 융합한 위계도

❷ 로고 타입(Logotype)

㉠ 로고 타입의 개요
- 기업 및 제품 브랜드의 명칭을 시각적으로 단순화하여 연상하게 하는 워드마크
- 브랜드 심벌과 함께 사용되어 상징적이고 직관적인 아이덴티티
- 문자와 워드마크를 통해 브랜드 인지도와 선호도를 높임
- 브랜드 퍼스널리티에 맞춰 가독성과 주목성을 높이는 서체 디자인

㉡ 로고 타입의 활용 요건

사용자 측면	• 선호도와 호감도를 통하여 브랜드의 긍정적인 이미지 형성 • 경쟁 브랜드들과 차별화 • 심벌과 함께 사용되며, 일관성이 중요함
기업 측면	• 브랜드 가치와 의미를 명확히 전달해야 함 • 다양한 어플리케이션에서도 일관되게 관리할 수 있는 형태로 개발

❸ 로고 시그니처(Logo Signature)
  ㉠ 로고 시그니처의 개요
    • 심벌과 로고 타입, 슬로건이 규칙에 따라 조합된 형태
    • 심벌과 로고 타입의 기본 가로형, 세로형 조합을 활용해 다양한 크기와 조합을 만듦
  ㉡ 로고 시그니처의 구성 요건
    • 시그니처의 최소 사이즈는 로고의 가시성과 가독성을 고려해 5~20mm로 제작
    • 어플리케이션에 맞춰 레이아웃과 공간을 고려해 적절한 크기로 적용
    • 심벌과 로고 타입은 규정된 형태를 유지하며, 정비례로 크기를 조절하여 사용

❹ 브랜드 전용 색상
  ㉠ 전용 색상의 규정
    • 심벌과 로고 타입은 베이직 컬러 시스템으로 브랜드 아이덴티티를 형성
    • 브랜드 어플리케이션에 일관되게 적용하여 분위기와 동질감을 형성
    • 비즈니스 분야를 지시하고 기업의 미션과 비전을 색채계획으로 상징화
  ㉡ 전용 색상의 영역

메인컬러 (주조색)	• CI 혹은 BI를 가장 먼저 연상할 수 있는 단일 색상 • 색상 기능과 정보적 기능을 가지며 상징성과 차별화된 포지셔닝 포함
서브컬러 (보조색)	• 브랜드 아이덴티티의 확장적 표현 • 메인 컬러와 함께 사용하여 보조 역할을 하는 컬러 체계 • 3~5개의 그룹화된 컬러 • 어플리케이션 정보의 계열화와 규모에 따라 범위를 일관되게 규정하기 어려워 임시 범위 설정이 필요
강조컬러	• 메인 컬러와 다른 대표 컬러의 역할 • 컬러 면적은 작지만 고채도로 아이덴티티 컬러의 연상성과 대표성이 강함

❺ 브랜드 전용 서체
  ㉠ 높은 활용도와 지속성
  ㉡ 베이직 시스템의 전용 서체는 기업과 브랜드의 시각 정보 커뮤니케이션에 필수적인 요소
  ㉢ 어플리케이션을 통해 지속적으로 확산되어 기업의 브랜딩 효과를 높임
  ㉣ 전용 서체의 무료 배포는 브랜드 인지도를 높이지만, 브랜드 아이덴티티 왜곡 우려가 있어 관리가 필요

기출유형 완성하기

정답 01 ④ 02 ① 03 ④ 04 ③ 05 ②

01 심벌마크의 모티브로서 적합하지 않은 것은?

① 기업 이념
② 기업 이미지
③ 기업의 성격
④ 기업의 이윤

해설

심벌마크는 주로 기업의 정체성을 나타내는 데 중점을 두며, 재무적 요소는 포함되지 않는다.

02 심벌마크(Symbol Mark)의 설명으로 옳은 것은?

① 조직체의 이념, 목적, 성격 등을 시각적으로 상징화한 것이다.
② 기업의 브랜드에만 사용되는 그림 문자이다.
③ 광고 및 홍보 매체에 차별성과 주목성을 높이는 문자이다.
④ 제품의 상징을 위해 특별히 제작된 그림이다.

해설

심벌마크는 이념, 목적, 성격 등을 시각적으로 상징화하여 브랜드의 정체성을 명확하게 전달하고, 인식을 강화하는 데 도움을 준다.

03 기업 이미지 통일 작업에 있어서 기본 시스템(Basic System)에 해당하는 것은?

① 사인
② 차량류
③ 유니폼
④ 심벌마크

해설

사인, 차량류, 유니폼은 통일된 브랜드 이미지의 일환으로 사용할 수 있지만, 기본 시스템을 구성하는 핵심 요소는 아니다.

04 브랜드의 이름을 시각적으로 표현하며, 텍스트 디자인을 중심으로 구성된 브랜드 아이덴티티 요소는?

① 심벌마크
② 그래픽 모티프
③ 로고 타입
④ 색상 팔레트

해설

로고 타입은 텍스트 디자인을 중심으로 시각적으로 표현하여 브랜드를 인식하고 기억하는 데 도움을 준다.

05 심벌마크와 로고 타입이 결합된 형태로, 브랜드를 상징적으로 표현하는 요소는?

① 심벌
② 로고 시그니처
③ 그래픽 모티프
④ 타이포그래피

해설

① 텍스트가 없는 브랜드의 상징적인 이미지 표현
③ 디자인에서 반복적으로 사용되는 시각적 요소
④ 텍스트와 심벌마크의 결합

CHAPTER 03 베리에이션 좁히기

PART 4 시안 디자인 개발 응용

기출유형 22 ▶ 디자인 베리에이션 제작

편집디자인에서 조형 요소의 시각적 질서와 일관성 유지를 위해 설정하는 구분선은?

① 폴리오
② 세네카
③ 레이아웃
④ 그리드

| 정답 | ④

족집게 과외

❶ 브랜드 아이덴티티 베리에이션(Brand Identity Variation)

㉠ 브랜드 어플리케이션은 확장 가능하며, 다양한 역할을 수행
㉡ 다양한 어플리케이션을 통해 새로움, 매력, 친근함, 신뢰 등을 제공
㉢ 브랜드 아이덴티티 베리에이션을 위한 이미지

그래픽 모티프	• 기업과 브랜드의 핵심 이미지와 아이덴티티를 적용 • 심벌마크와 로고 타입의 베이직 시스템과 유사하거나 연관된 간결한 이미지 • 시그니처와 조화를 이루며, 사용자에게 감성적이고 심미적인 아이덴티티 제공
아이콘 세트	• 매체 특성과 상관없이 적용성과 확장성이 뛰어남 • 아이콘은 정보를 유형화하고 메시지에 대한 인덱스 역할을 함 • 아이콘은 웹사이트, 패키지, 쇼핑백, 스테이셔너리 등 고객과의 접점에 적용 • 어플리케이션의 사용에 따라 크기와 레이아웃을 유연하게 조정해 활용

❷ 아이콘

㉠ 아이콘의 특징
• 의미나 정보를 지시하고 암시하는 간결한 이미지
• 다양한 인쇄, 환경, 온라인 매체에서 일관된 의미를 시각화하여 전달
• 기호학에서 도상적 이미지를 아이콘이라 하지만, 시각디자인에서는 세 가지 의미체 역할을 포함

> **Tip** ✓
> 퍼스의 기호학 이론에서는 의미를 담고 있는 이미지를 도상적(Iconic), 상징적(Symbolic), 지시적(Index)으로 구분

• 사용자가 직관적으로 정보를 쉽게 이해할 수 있음
• 브랜드 아이덴티티 확장을 위해 브로슈어, 광고, 온라인, 패키지 등에서 일관되게 사용

㉡ 아이콘 적용 매체 영역별 고려 사항

편집 디자인	• 정보에 맞게 일관된 아이덴티티를 제공하고 텍스트를 친근하게 만듦 • 인쇄물에 사용
온라인 매체	온라인 아이콘은 크기가 작아 해상도를 우선적으로 확인하고 조절해야 함

ⓒ 아이콘 베리에이션의 원칙
- 정보를 직관적으로 전달하고 시각적 스타일과 색채계획을 통해 일관성을 유지
- 시각적 크기, 밀도, 중량감을 일관되게 유지해야 정보 인덱스로서 기능을 함

ⓔ 아이콘 스타일 트렌드

Flat 아이콘	'Windows 8' 아이콘이 트렌드를 이끌며, 두께감과 입체적 효과 대신 단순한 색상과 직선적인 형태로 직관적으로 의미를 표현하는 방식
Line 아이콘	• 라인으로 형태 표현 • 가독성이 높고 시각적 중량감이 가벼워 깔끔하고 세련된 느낌을 줌 • 내·외부를 연결해 개방감 제공
3D 아이콘	• 정보를 내재한 형태로, 인덱스 역할 • 입체 표현으로 주목성을 높임 • 아이콘의 입체 표현은 실재감을 높이지만, 작은 면적에서 형태가 모호할 수 있음
사실감 아이콘	누구나 쉽게 이해할 수 있도록 활용

❸ 레이아웃(Layout) 베리에이션

㉠ 디자인 판형의 레이아웃

단일 판형	핵심 이미지를 중심으로 정보를 간결하고 명확히 전달해야 함
편집 판형	• 여러 페이지 레이아웃은 일관성, 질서, 예측 가능성을 유지해야 함 • 정보의 종류가 바뀔 때는 아이콘, 컬러, 그래픽 모티프를 변화시켜 차별화

ⓒ 중요 고려 요소
디자인 요소의 일관성을 고려하여 적용해야 브랜드 이미지와 메시지를 효과적으로 전달할 수 있음

❹ 레이아웃을 위한 그리드(Grid) 확장
㉠ 그리드(Grid)의 개요
- 그리드는 텍스트에 질서를 부여해 가독성을 높이기 위해 개발
- 일반적인 단행본은 1단 그리드를 사용하고, 콘텐츠에 따라 2단 그리드를 적용
- 1, 2단 그리드는 구텐베르크의 활자 혁명 이후 금속활자 인쇄 방식의 전통적인 그리드로 인지
- 잡지와 브로슈어, 카탈로그는 얀 치홀트의 다단 그리드를 활용
- 3~4단 그리드는 컬럼 크기는 작지만, 연접이나 면적 변형을 통해 다양한 수평·수직 레이아웃을 적용할 수 있음

 Tip

얀 치홀트(Jan Tschichold)
- 모더니즘 타이포그래피의 대표 작가
- 얀 치홀트의 '신 타이포그래피'는 다음 세 가지 기본 방향을 제시
  - 기능적인 타이포그래피
    장식을 배제하고 텍스트 정보를 중심으로 구성
  - 비대칭 타이포그래피
    비대칭 원리를 사용해 시각적 리듬과 위계적 질서 표현
  - 강한 대비 효과의 타이포그래피
    크기, 밝기, 수평과 수직 조화를 통해 가독성 향상

ⓒ 그리드(Grid)의 베리에이션 유형
- 배경 이미지 활용 베리에이션
  - 배경 이미지를 전체에 깔고 그 위에 텍스트와 이미지를 배치하는 방식
  - 콘텐츠 주목성을 높이거나 전개의 시작을 알리는 도입 페이지로 활용
  - 배경 사진이나 일러스트는 텍스트 가독성을 높이기 위해 색상 대비를 줄이고, 모노 톤이나 듀오 톤 등으로 필터링
  - 배경 위의 텍스트는 양을 줄이거나 폰트를 본문보다 1~3포인트 크게 하여 가독성을 높임
- 그리드 컬럼의 면적대비 활용
  콘셉트에 따라 그리드를 적용하거나 면적대비 변형을 사용

ⓒ 그리드를 활용한 레이아웃 확장
- 1단 그리드의 변형
  단의 변형으로 텍스트의 접근성과 심미성을 높임
- 콜라주 형식의 자유 그리드
  텍스트와 이미지를 자유롭게 배치해 심미성과 역동성을 높임
- 복합적 자유 그리드
  명확한 그리드로 복합적이고 위계적인 정보구조를 연출
- 기하학적 자유 그리드
  텍스트와 기하학적 형태로 가독성을 높이고 구조적이며 리듬감 있는 판면을 만듦

❺ 편집디자인 시안 베리에이션

㉠ 편집디자인을 위한 이미지 자료 수집
  시안 디자인을 수행하기 위해 텍스트와 이미지 자료를 체계적으로 정리하여 준비

㉡ 문서 포맷과 그리드 설정
- 편집 소프트웨어에서 그리드를 사용해 텍스트와 이미지를 배치하여 통일성과 작업 효율성을 높임
- 여러 그리드가 필요할 경우, 별도의 마스터 페이지를 만들어 사용하며, 같은 문서 내에서는 판형을 다르게 지정하지 않음
- 여백은 대비를 통해 내용을 강조하며, 그리드는 텍스트와 이미지에 알맞게 설정

㉢ 마스터 페이지 설정
- 작업 시간을 단축하고 통일감 유지
- 쪽 번호, 면주, 로고 등 전체 페이지에 적용되는 항목을 일괄적으로 적용하고 수정할 수 있음
- 문서 생성 시 기본 마스터가 자동으로 생성되며, 마스터 패널을 통해 추가 마스터를 만들고 페이지를 자유롭게 관리할 수 있음

㉣ 편집 및 타이포그래피 실행
- 디자인 결과는 그리드에 맞게 배치된 텍스트와 이미지에 따라 디자이너의 타이포그래피와 시각적 역량에 크게 영향을 받음
- 단락 스타일은 편집디자인의 기본을 형성
- 텍스트, 표, 배경 색상 적용은 편집 면의 아이덴티티, 가독성, 심미성을 결정하는 요소

Tip ✓
- 낱장(Sheet) : 한 장으로 된 인쇄물
  예 DM(Direct Mail), 안내장, 명함, 카드, 전단지 등
- 페이지(Page) : 단면, 단일 페이지
  예 포스터, 뉴스레터 등
- 스프레드(Spread) : 왼쪽과 오른쪽 페이지로 펼치고 접는 형태
  예 신문, 카탈로그, 팸플릿 등
- 책 : 한 쪽이 제본된 책자
  예 서적, 단행본, 잡지 등

기출유형 완성하기

정답 01 ② 02 ④ 03 ② 04 ② 05 ③

01 광고에 있어서 레이아웃의 조건이 아닌 것은?
① 가독성 ② 심화성
③ 주목성 ④ 통일성

해설
광고 레이아웃의 조건으로는 가독성, 주목성, 통일성이 포함된다.

02 다음 중 아이콘 베리에이션 원칙으로 거리가 가장 먼 것은?
① 색채계획의 일관성 유지
② 크기와 밀도의 일관성 유지
③ 직관적인 정보전달
④ 각 아이콘의 개별적인 스타일 강조

해설
아이콘마다 개별적인 스타일을 적용하면 일관성이 깨져 혼란을 유발하므로 일관된 스타일을 유지하는 것이 중요하다.

03 신문 또는 잡지에서 좌우 페이지를 나란히 놓은 펼침면을 가리키는 용어는?
① 커서   ② 스프레드
③ 보더라인 ④ 헤드라인

해설
① 컴퓨터 화면에서 사용자 입력을 위해 이동하는 아이콘
③ 페이지의 가장자리를 정의하는 선이나 경계
④ 신문이나 잡지의 제목을 나타내는 큰 글자

04 1단 그리드의 주요 장점으로 올바른 것은?
① 정적으로 배치된 텍스트에 역동성을 부여하여 레이아웃에 활기를 더할 수 있다.
② 시각적 복잡성을 줄이고 일관된 시각적 흐름을 제공한다.
③ 여러 열을 사용하여 복잡한 정보를 효과적으로 배열할 수 있다.
④ 다양한 콘텐츠 유형을 배치하는 데 유용한 그리드 시스템이다.

해설
1단 그리드는 단일 열 구조를 통해 간단하고 일관된 시각적 흐름을 제공하며, 단일 페이지로 구성된 개인 블로그 또는 포트폴리오 웹사이트에 적합하다.

05 편집디자인 작업 과정 중 인쇄소에 원고를 넘기기에 앞서 문자 원고, 사진, 일러스트레이션 등의 지정 단계는?
① 기획 회의 단계
② 취재, 자료 수집 단계
③ 편집, 레이아웃 단계
④ 인쇄 및 검품, 납품 단계

해설
편집, 레이아웃 단계는 원고를 인쇄소에 넘기기 전에 문자 원고, 사진, 일러스트레이션 등을 배치하고 최종적으로 디자인을 구성하는 단계이다.

PART 5
조색과 배색

CHAPTER 01 목표 색 분석 및 색 혼합

CHAPTER 02 조색 검사 및 완성

CHAPTER 03 색채계획서 작성 및 배색 조합

CHAPTER 04 배색 적용 의도 작성

CHAPTER 01 목표 색 분석 및 색 혼합

PART 5 조색과 배색

기출유형 23 ▶ 색채 3속성

색의 3속성이 아닌 것은?
① 명도
② 채도
③ 대비
④ 색상

| 정답 | ③

족집게 과외

❶ 개념
㉠ 색을 표시하는 기본적인 특성
㉡ 색상(Hue), 명도(Value), 채도(Chroma)로 구성
㉢ 우리나라에서는 Munsell Color System을 한국산업규격(KS)으로 채택

❷ 색상(Hue)
㉠ 빨강, 주황, 노랑 등과 같이 다른 색상과 구별되는 색의 이름
㉡ 색상은 Hue의 약호인 H로 표기
㉢ 색상의 변화를 시계방향으로 둥글게 배열한 것을 '색상환'이라고 함
㉣ 기본색상 : 빨강(R), 노랑(Y), 초록(G), 파랑(B), 보라(P)
㉤ 중간색상 : 주황(YR), 연두(GY), 청록(BG), 청보라(PB), 자주(RP)
㉥ 10색상을 시각적으로 등간격이 되도록 10등분하여 100색상까지 나타낼 수 있음
㉦ 기준이 되는 색상을 숫자 5로 표기

> 빨강(5R), 노랑(5Y), 초록(5G), 파랑(5B), 보라(5P)

㉧ 10색상의 인접 색상을 2등분한 20색상환, 4등분한 40색상환을 사용

❸ 명도(Value)
㉠ 물체의 밝고 어두움을 나타내는 정도
㉡ 명도는 Value의 약호인 V로 표기
㉢ 명도의 단계를 '그레이스케일(Gray Scale)'이라고 함
㉣ 명도는 색의 삼속성 중 가장 민감함
㉤ 이상적으로 완전한 검정과 흰색을 0에서 10까지의 한 11단계로 나누어 표기
㉥ 빛의 반사율이 높을수록(고명도) 밝고, 빛의 반사율이 낮을수록(저명도) 어두우며, 중량감을 나타냄

❹ 채도(Chroma)
㉠ 색상의 맑고 탁함을 나타냄
㉡ 채도는 Chroma의 약호인 C로 표기
㉢ 순색 : 채도가 가장 높은 색상
㉣ 색상마다 채도의 단계가 다르며, 채도가 가장 높은 색상은 빨강(5R), 주황(5YR), 노랑(Y)

채도의 종류
- 순색 : 동일색상 중 가장 채도가 높은 색
- 명청색 : 순색에 흰색을 혼합한 색
- 암청색 : 순색에 검정색을 혼합한 색
- 탁색 : 순색에 회색을 혼합한 색(채도가 매우 낮음)

기출유형 완성하기

정답 01 ② 02 ② 03 ③ 04 ② 05 ③

01 현재 한국산업표준으로 채택하여 사용되고 있는 색체계는?

① 오스트발트 색체계
② 먼셀 색체계
③ CIE 표준 색체계
④ 문스펜서 색체계

해설
우리나라의 색 표시는 먼셀의 표준 20색상환을 사용하고 있다.

02 색의 3속성 가운데 중량감에 가장 큰 영향을 미치는 것은?

① 색조
② 명도
③ 채도
④ 색상

해설
명도는 색의 밝고 어두움을 나타내며 중량감과 가장 관계가 있다.

03 색의 3속성 중 색의 맑고 탁한 정도를 뜻하는 것은?

① 색상
② 명도
③ 채도
④ 색각

해설
① 색상은 빨강, 주황, 노랑과 같은 특정한 색을 구별한다.
② 명도는 색의 밝고 어두움을 나타낸다.
④ 색각은 눈이 빛을 받아들여 색을 인식하는 능력이다.

04 색의 3속성에 대한 설명으로 옳지 않은 것은?

① 색의 3속성은 색상, 명도, 채도이다.
② 모든 색상은 2가지 색상이 혼합된 것처럼 지각된다.
③ 시감 반사율의 고저에 따라 명도가 달라진다.
④ 진한색과 연한색, 흐린색과 맑은색 등은 모두 채도의 높고 낮음을 가리키는 말이다.

해설
일부 색은 두 색의 혼합으로 보일 수 있지만, 빨강, 파랑, 노랑 같은 순색은 독립적으로 지각된다.

05 색의 3속성에 대한 설명 중 옳은 것은?

① 색의 3속성은 색채의 차이를 변별하는 데 영향을 주지 못한다.
② 색상은 색을 느끼는 강약, 맑기, 선명도이다.
③ 무채색의 밝기는 표면에서의 빛의 반사율과 흡수율로 정해진다.
④ 채도는 물체의 표면에서 반사되는 주파장에 의해 결정된다.

해설
① 색의 3속성은 색채의 차이를 변별하는 데 필수적인 요소이다.
② 색상은 특정한 색을 구별하는 속성이다.
④ 채도는 색의 명도(밝기)와 회색의 비율에 의해 결정된다.

기출유형 24 ▶ 색채 표준의 조건과 역할

CIE 색체계에서 3개의 원자극(원색) 색인 것은?

① RGY ② GYC
③ CBR ④ RGB

| 정답 | ④

족집게 과외

색채를 체계적으로 정의하고 분류하기 위해서는 다음과 같은 표준이 필요

❶ 색채 표준의 조건

㉠ 색채 표기의 국제 기호화 : 색상·명도·채도의 표기는 알파벳 기호를 따름
㉡ 색표 간의 지각적 등보성 : 배열된 색표는 지각적으로 일정한 간격을 유지하여야 함
㉢ 색채의 속성 표기 : 색상, 명도, 채도, 색조(Tone) 등으로 표기
㉣ 규칙적인 배열
㉤ 색채 속성배열의 과학적 근거
㉥ 실용화가 용이함
㉦ 특수 안료를 제외하고, 재현 가능한 일반 안료 사용 : 가시광선 범위 내의 색료로 제작. 특수 안료를 사용할 경우, 색채 속성을 명기

❷ CIE(국제조명위원회) 색채 표준

㉠ 1931년, CIE(국제조명위원회)에서 채택한 표색계
㉡ R·G·B 색광의 혼합으로 모든 색광을 만들 수 없어 X·Y·Z로 표기한 CIE 삼자극치로 색을 정의
㉢ 색감각의 변화를 고려해 표준관측자를 2°와 10° 시야로 정의하며, 2° 시야에서 10° 시야로 변화할 때 명도가 높아짐

CIE 표준광
- 표준광원 A : 상관색 온도 2,856K
- 표준광원 B : 상관색 온도 4,874K
- 표준광원 C : 상관색 온도 6,774K
- D65 : 상관색 온도 6,500K
  (형광 색료 측정에 자외선 대역의 분광분포를 포함)

❸ CIE L*a*b* 색 공간

색상을 정량적으로 표현하기 위해 국제조명위원회(CIE)가 개발한 색 공간

- 명도(L*) : 색상의 밝기 정도
  0 : 검은색 / 100 : 흰색
- 적록 축(a*) : 빨강과 초록 사이의 색상 차이
  양수 값 : 빨강 / 음수 값 : 초록
- 황청 축(b*) : 노랑과 파랑 사이의 색상 차이
  양수 값 : 노랑 / 음수 값 : 파랑

기출유형 완성하기

정답 01 ④ 02 ③ 03 ③ 04 ③ 05 ①

01 다음 중 색채 표준의 조건이 아닌 것은?

① 색의 정확성과 재현성
② 표준 조명 아래에서의 색상 일치
③ 색상 비교의 신뢰성을 높이는 능력
④ 디지털 이미지의 해상도를 높이는 능력

해설

디지털 이미지의 해상도를 높이는 능력은 색채 표준의 조건과 관련이 없다.

02 다음 중 색채 표준의 역할이 아닌 것은?

① 제품의 색상 일관성 유지
② 색상에 대한 객관적인 기준 제공
③ 다양한 디자인의 창의성 증대
④ 색상 재현의 정확성 보장

해설

색채 표준의 역할은 주로 색상의 일관성, 객관적인 기준 제공, 색상 재현의 정확성을 보장하는 데 중점을 두며, 디자인의 창의성 증대와는 직접적인 관련이 없다.

03 다음 보기에서 설명하는 것은?

> 1931년에 색채와 관련된 표준색도 좌표계를 정의한 기구로, 국제적으로 인정된 색채 측정 기준을 제공한다.

① NCS(자연 색채 시스템)
② Munsell(먼셀 색채 체계)
③ CIE(국제조명위원회)
④ Pantone(팬톤 색채 체계)

해설

CIE(국제조명위원회)는 1931년에 색도 좌표계를 정의하여 색을 일관되게 측정하고 재현할 수 있도록 한다.

04 CIE(국제조명위원회)에서 먼셀 기호를 검사하고 측색할 경우의 표준조건으로 옳은 것은?

① 표준광원 C에서 관찰각도 2°
② 표준광원 C에서 관찰각도 10°
③ 표준광원 D65에서 관찰각도 2°
④ 표준광원 D65에서 관찰각도 10°

해설

CIE(국제조명위원회)는 색채 측정 시 표준광원 D65와 관찰각도 2°를 사용하여 색을 검사한다.

05 국제조명위원회에서 규정한 균등 색 공간은?

① CIE L*a*b*
② Ostwald System
③ CIE XYZ
④ Munsell System

해설

CIE L*a*b*는 국제조명위원회(CIE)에서 규정한 균등 색 공간으로, 색상을 균등하게 표현하기 위한 표준 색 공간이다.

CHAPTER 02 조색 검사 및 완성

PART 5 조색과 배색

기출유형 25 ▶ 가법혼합 및 감법혼합

색광을 겹치면 겹칠수록 밝게 되는 색의 혼합은?

① 가산혼합 ② 감산혼합
③ 마이너스 혼합 ④ 색료혼합

| 정답 | ①

족집게 과외

❶ RGB 가산혼합(색광혼합, 가법혼합)

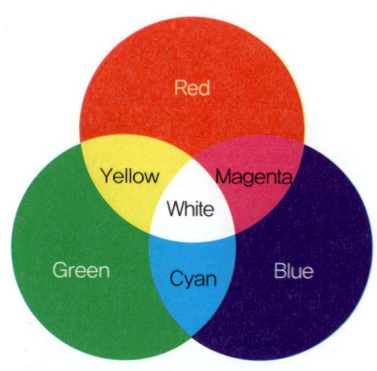

㉠ 빛의 3원색 : 빨강(Red), 녹색(Green), 파랑(Blue)
㉡ 빛의 색이 더해질수록 점점 밝아짐
㉢ 빛의 삼원색을 모두 혼합하면 백색광(흰색)이 됨
㉣ 혼합할수록 명도가 높아지고 채도는 낮아짐
㉤ TV 모니터, 액정모니터, 무대조명 등에 활용되는 색의 혼합방식

- 흰색(White) : 빨강(Red) + 녹색(Green) + 파랑(Blue)
- 시안(Cyan) : 녹색(Green) + 파랑(Blue)
- 마젠타(Magenta) : 빨강(Red) + 파랑(Blue)
- 노랑(Yellow) : 빨강(Red) + 녹색(Green)

❷ CMYK 감산혼합(색료혼합, 감법혼합)

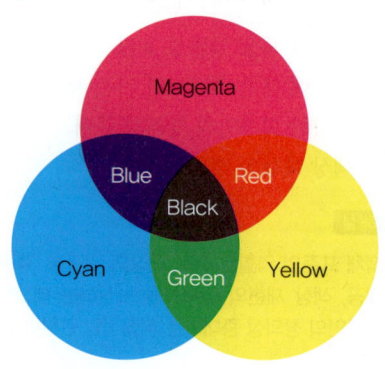

㉠ 색료의 삼원색 : 시안(Cyan), 마젠타(Magenta), 노랑(Yellow)
㉡ 색료의 색이 더해질수록 점점 어두워짐
㉢ 색료의 삼원색을 모두 혼색하면 검정(Black)이 됨

 Tip

색료의 삼원색을 모두 혼색하면 이론상 검정이 되지만, 실제로는 어두운 갈색이 되므로 인쇄잉크에는 검정을 추가하여 사용

㉣ 혼합할수록 명도가 낮아지고 채도도 낮아짐
㉤ 물감, 인쇄잉크 등과 같은 색료이며, 출판, 인쇄물 등에 사용

- 검정(Black) : 시안(Cyan) + 마젠타(Magenta) + 노랑(Yellow)
- 빨강(Red) : 마젠타(Magenta) + 노랑(Yellow)
- 녹색(Green) : 시안(Cyan) + 노랑(Yellow)
- 파랑(Blue) : 시안(Cyan) + 마젠타(Magenta)

❸ 중간혼합
  ㉠ 직접 색을 혼합하는 것이 아니라, 주변 환경이나 조건 등에 의해 혼합되어 보이는 착시현상
  ㉡ 두 가지 이상의 색이 섞여 중간의 밝기(명도)를 나타냄

병치혼합 (병치가법 혼합)	모자이크, 직물 등과 같이 일정 거리 이상에서 두 가지 이상의 색을 동시에 보여줄 때 심리적으로 혼색되어 다른 하나의 색채로 보임
회전혼합 (계시가법 혼합)	• 맥스웰은 회전혼색 실험을 통해 색의 가법혼합 원리를 정립함 • 색 팽이, 바람개비와 같이 원판에 색을 칠하고 고속으로 회전시키면 각각의 색이 혼색된 상태로 보임

Tip ✓

혼합과 혼색
- 혼합 : 색광이나 색료를 섞는 행위
- 혼색 : 색광이나 색료를 혼합하여 새로운 색이 보이는 현상
※ 두 용어가 같은 의미로 출제될 가능성이 있음

기출유형 완성하기

정답 01 ② 02 ③ 03 ③ 04 ② 05 ③

01 색료의 3원색을 서로 같은 비율로 혼합한 결과의 색은?

① 흰색
② 검정
③ 노랑
④ 청록

해설
색료의 3원색인 Cyan, Magenta, Yellow를 혼합하면 검정이 된다.

02 가산혼합에서 빨강(R)과 녹색(G)을 혼합하였을 때 나타나는 색은?

① 흰색
② 검정
③ 노랑
④ 파랑

해설
가산혼합에서 색을 혼합하면 점점 밝아지고, 빨강(R)과 녹색(G)을 혼합하면 노랑(Y)이 된다.

03 가산혼합의 특징이 아닌 것은?

① 색광의 겹침으로 인한 혼색 현상이다.
② 컬러 TV, 스포트라이트 등의 조명이 해당한다.
③ 혼합된 색은 명도가 낮아진다.
④ 3원색은 빨강(R), 녹색(G), 파랑(B)이다.

해설
가산혼합에서 혼합된 색은 명도가 높아진다.

04 회전혼합에 대한 설명 중 옳지 않은 것은?

① 맥스웰이 처음 이론화하여 맥스웰 회전혼색이라고도 한다.
② 원판을 회전시키면 밝기는 원래의 색들보다 어두워진다.
③ 밝기나 채도의 단계를 실험할 수 있다.
④ 물리보색의 판별실험이 가능하다.

해설
회전 시 각 색의 밝기가 평균화되어 중간 밝기로 나타난다.

05 다음 중 병치혼합의 예가 아닌 것은?

① 컬러인쇄의 망점
② 점묘법에 의한 회화작품
③ 2가지 색이 칠해진 회전하는 원판
④ 여러 가지 색의 실로 직조된 직물

해설
2가지 색이 칠해진 회전하는 원판은 회전혼색의 예이다.

CHAPTER 03 색채계획서 작성 및 배색 조합

PART 5 조색과 배색

기출유형 26 ▶ 색과 색채의 속성별 배색 형식의 효과

두 개 이상의 색을 기능과 목적 또는 효용에 따라 다양한 방법으로 배열하는 것은?

① 구성 ② 배색
③ 조화 ④ 조절

| 정답 | ②

족집게 과외

❶ 개념
- ㉠ 두 가지 이상의 색을 목적과 용도에 적합하도록 배열하는 작업
- ㉡ 색상·명도·채도를 사용 목적에 부합하도록 배색해야 함

❷ 배색의 조건
- ㉠ 안정성, 경제성, 심미성, 사회성을 고려
- ㉡ 사용 목적과 용도에 맞게 배색
- ㉢ 색이 주는 심리적 효과 고려
- ㉣ 사용자의 특성을 고려하여 배색

❸ 색상에 의한 배색
- ㉠ 동일 색상 배색
  - 동일 색상에서 명도와 채도가 다른 배색
  - 간결성, 통일성, 정적인 느낌
- ㉡ 유사 색상 배색
  - 색상환에서 서로 인접하고 있는 색상 간의 배색
  - 부드러움, 온화함, 조화성
- ㉢ 대조 색상 배색
  - 색상환에서 색차가 큰 색상 간의 배색
  - 생동감, 역동적
- ㉣ 보색 색상 배색
  - 색상환에서 반대편 색상 간의 배색
  - 화려함, 강함

❹ 명도에 의한 배색
- ㉠ 고명도 배색
  - 순색+흰색, 파스텔 톤
  - 귀여움, 여성스러움, 부드러움
- ㉡ 중명도 배색
  - 회색과 같은 중간 명도를 가진 색, Dull 톤
  - 중립적, 불분명, 모호함
- ㉢ 저명도 배색
  - 순색+검정, Dark 톤
  - 어두움, 음침함
- ㉣ 명도 차가 큰 배색
  - 고명도+저명도
  - 강함, 명시성, 명쾌함

❺ 채도에 의한 배색
- ㉠ 고채도 배색
  화려함, 자극적(Vivid 톤)
- ㉡ 저채도 배색
  부드러움, 온화함(저채도+저명도 : 침울, 우울, 어두움)
- ㉢ 채도 차가 큰 배색
  생동감, 명쾌함, 강함

❻ 색채 배색
  ㉠ 디자인의 목적과 상황에 맞게 주변 환경을 고려하여 전략적으로 색채 배색
  ㉡ 정체성 강화를 위한 일관된 색채 배색
  ㉢ 주목성을 위한 대비가 강한 색채 배색

❼ 효과 배색
  ㉠ 톤 온 톤(Tone on Tone)
    • 동일 색상의 톤 차이를 이용한 배색
    • 안정감, 통일성
  ㉡ 톤 인 톤(Tone in Tone)
    • 유사한 색상에서 비슷한 톤을 이용한 배색
    • 부드러움, 온화함
  ㉢ 토널 배색(Tonal)
    • 중명도 중채도의 흐린 톤을 사용하는 배색
    • 수수함, 안정성
  ㉣ 까마이외(Camaieu)
    • 색상과 색조의 차이가 적은 차분한 배색
    • 부드러움, 온화함
  ㉤ 포 까마이외(Foux Camaieu)
    • 까마이외 배색에 비해 색조의 차이를 준 배색
    • 조화로움
  ㉥ 비콜로(Bicolore)
    • 두 가지 색상을 이용한 고채도 배색
    • 산뜻함, 강함
  ㉦ 트리콜로(Tricolore)
    • 세 가지 색상을 이용하여 색상과 톤의 조합에 무채색을 사용한 배색
    • 명쾌함, 강렬함
  ㉧ 강조 배색(Accent)
    • 배색이 단조로울 때 강조색을 사용한 배색
    • 역동적
  ㉨ 분리 배색(Separation)
    • 배색이 유사하거나 대조될 때, 두 색 사이에 무채색을 적용하는 배색
    • 안정감, 깔끔함
  ㉩ 그라데이션 배색(Gradation)
    • 색상, 명도, 채도, 톤이 점차적으로 변하는 배색
    • 조화로움
  ㉪ 반복 배색(Repetition)
    • 색을 반복적으로 배열하여 리듬감을 주는 배색
    • 친숙함, 편안함

❽ 주조색 · 보조색 · 강조색
  ㉠ 주조색(전체 면적의 70~75%)
    • 배색의 기본색
    • 전체적인 분위기와 느낌을 주도함
  ㉡ 보조색(전체 면적의 20~25%)
    • 주조색과 유사 색상 및 톤으로 보완
    • 전체 배색에 리듬감 형성
  ㉢ 강조색(전체 면적의 5~10%)
    • 포인트 색상
    • 주조색 및 보조색에 색상, 명도, 채도를 대비하여 강조
    • 전체 배색에 활력을 줌

기출유형 완성하기

정답 01 ③ 02 ③ 03 ③ 04 ② 05 ①

01 배색의 조건과 거리가 가장 먼 것은?

① 사물의 성질, 기능, 용도에 부합되도록 해야 한다.
② 전달성을 염두에 두어야 한다.
③ 단색의 이미지만을 고려한다.
④ 재질과의 관계를 고려해야 한다.

해설
여러 색상 간의 조합을 통해 사용 목적과 용도에 맞게 배색해야 한다.

02 명도와 채도가 유사한 동일 색상 배색에서 나타나는 이미지는?

① 동적인 이미지
② 화려한 이미지
③ 정적인 이미지
④ 명쾌한 이미지

해설
명도와 채도의 차가 클 때, 동적이고 화려하며 명쾌한 이미지가 표현된다.

03 배색 방법에 있어 주조색, 보조색, 강조색의 특징에 대한 설명으로 옳지 않은 것은?

① 주조색은 전체의 70% 이상을 차지하는 색을 말한다.
② 보조색은 주조색 다음으로 넓은 공간을 차지하는 색을 말한다.
③ 디자인 분야별로 주조색의 선정 방법은 언제나 동일하다.
④ 강조색은 대상에 악센트(Accent)를 주어 신선한 느낌을 만드는 포인트 역할을 한다.

해설
디자인 분야의 목표에 따라 주조색 선정 방법이 달라진다.

04 배색 방법에 따른 주조·보조·강조색에 대한 설명으로 옳은 것은?

① 보조색은 공간의 기본적인 분위기를 정한다.
② 강조색은 특정 공간의 주목성을 높이는 수단으로 사용된다.
③ 주조색의 사용만으로 공간의 차별화를 완성할 수 있다.
④ 바람직한 공간 구성을 위해서는 형태와 색채의 관계를 분리하여 고려해야 한다.

해설
형태와 색채는 서로 밀접하게 연관되어 있으므로 분리하지 않고 함께 고려해야 한다.

05 그라데이션(Gradation) 배색의 설명이 아닌 것은?

① 색과 색 사이에 분리색이 적용된 배색
② 한 가지 색이 다른 색으로 점진적으로 변화되는 배색
③ 무지개, 색상환 등 색상의 자연스러운 연속 배색
④ 자연스러운 흐름과 리듬감이 느껴지는 배색

해설
그라데이션 배색은 색이 매끄럽게 또는 연속적으로 변하는 방식이다.

CHAPTER 03 | 색채계획서 작성 및 배색 조합 77

기출유형 27 ▶ 색과 색채의 심리적·기능적 작용

다음 중 무채색이 아닌 것은?

① 백색 ② 탁색
③ 회색 ④ 흑색

| 정답 | ②

족집게 과외

색의 심리적 작용

❶ 색채의 연상

㉠ 개념
- 색을 볼 때 심리에 미치는 영향으로 그 색에 대한 특정한 이미지가 나타남
- 색채의 연상은 구체적 연상과 추상적 연상으로 구분

구체적 연상	주변에 있는 동물, 식물, 음식, 장신구, 자연현상 등 색채에 관계된 연상
추상적 연상	색의 상징

㉡ 무채색
- 일반적으로 추상적 연상이 많음
- 무채색의 연상 언어

색	구체적 연상	추상적 연상
흰색	눈, 웨딩드레스, 백합	순수, 순결, 청결, 신성, 정직, 소박, 평화
회색	비둘기, 스님	평범, 겸손, 수수, 침울, 무기력
검정	밤, 장례식	죽음, 허무, 불안, 절망, 정지, 침묵, 부정

㉢ 유채색
- 일반적으로 구체적 연상이 많음
- 채도가 높을수록 연상이 강함
- 유채색의 연상 언어

색	구체적 연상	추상적 연상
빨강	피, 불, 해, 장미, 소방차	자극, 흥분, 활력, 애정, 위험, 혁명, 분노, 더위
주황	단풍, 가을, 오렌지	기쁨, 원기, 즐거움
노랑	개나리, 레몬, 병아리	명랑, 환희, 희망, 광명, 유쾌, 팽창, 미숙
연두	새싹, 잔디, 자연, 초여름	봄, 희망, 젊음, 신선, 생동, 안정
초록	자연, 여름, 나뭇잎, 신호등	평화, 상쾌, 청결, 휴식, 안전, 생명력
파랑	바다, 하늘, 파도, 제복	무한, 젊음, 차가움, 명상, 성실, 추위
남색	도라지, 영국 왕실	공포, 냉철, 무한, 신비, 고독, 슬픔
보라	나팔꽃, 가지, 포도	창조, 우아, 고독, 신비, 예술, 신앙
자주	와인, 코스모스	사랑, 애정, 화려, 아름다움

❷ **색채의 상징(Symbol of Color)**
색을 볼 때 사회적·지역적 규범 및 약속이 연상되는 것
㉠ 신분의 구분
염료가 발달하기 전까지 의상의 색으로 신분과 계급을 상징
예 황금색, 자주색
㉡ 방위의 표시
- 동양권에서 방위를 색으로 표시
- 오방색 : 적색-남쪽, 청색-동쪽, 황색-중앙, 백색-서쪽, 흑색-북쪽
㉢ 지역의 구분
- 올림픽의 오륜기는 다섯 개의 대륙을 상징
- 파랑-유럽, 검정-아프리카, 빨강-아메리카, 노랑-아시아, 초록-오세아니아
㉣ 종교의 상징
- 기독교 : 빨강, 파랑
- 천주교 : 흰색, 검정
- 불교 : 황금색
- 이슬람교 : 초록
㉤ 기업의 상징
기업의 이념과 이미지 향상을 위한 고유의 CI와 색채 사용

❸ **색채와 공감각**
색채가 인간의 미각, 후각, 청각, 촉각 등을 함께 느끼는 현상
㉠ 촉각
색채는 심리적으로 연결되어 부드럽거나 거칠게, 또는 촉촉하거나 건조하게 느껴짐

부드러움	• 명도가 높은 난색 • 밝은 노랑, 밝은 하늘색 등
거침	• 저명도 저채도의 한색 • 어두운 무채색
촉촉함	• 고명도의 한색 • 파랑, 청록 등 한색 계열
건조함	• 고명도의 난색 • 빨강, 주황 등 난색 계열

㉡ 미각
색상의 영양을 많이 받으며 난색 계열은 식욕을 돋우고 한색 계열은 식욕을 저하시킴

단맛	빨강, 분홍, 주홍
신맛	노랑, 연두
쓴맛	올리브 그린, 갈색
짠맛	연녹색, 연파랑, 회색
매운맛	빨강, 주황, 자주

㉢ 후각
경험에 의해 연관된 냄새가 연상되는 것

좋은 향	고명도, 고채도의 난색
나쁜 향	저명도, 저채도의 한색
민트향	초록, 청록
플로럴향	분홍계열
커피향	갈색계열

㉣ 청각
소리의 높고 낮음에 따라 색이 연상되는 것

높은음	고명도, 고채도의 강한 색상
낮은음	저명도, 저채도의 어두운 색상
거친음	저명도, 저채도의 한색과 어두운 무채색
부드러운 음	고명도의 난색 계열
예리한 음	고채도의 선명한 색

색의 기능적 작용

❶ 색채조절

㉠ 개념

색채가 인간의 심리나 생리에 미치는 영향을 이용하여 색을 과학적으로 선택하여 사용하는 것

㉡ 색채조절의 효과
- 피로회복
- 인지력 향상
- 작업능률 향상
- 기분 고조
- 안전도 상승
- 질서 유지
- 방향 설정
- 건물의 내·외 보호, 유지

❷ 안전과 색채

색채를 특징과 성질에 따라 구분하여 언어처럼 안전 색채를 사용

빨강	금지, 정지, 소화설비, 화약류, 고도 위험
주황	위험, 항해 항공의 보안 시설, 구명보트, 구명대, 구급차
노랑	경고, 주의, 장애물, 위험물
초록	안전, 안내, 비상구, 구급 장비
파랑	특정 행위의 지시, 의무적 행동
보라 (자주)	방사능과 관계된 표지, 방사능 위험물 경고 표시
흰색	문자, 파랑이나 초록의 보조색, 정돈, 청결, 방향 지시
검정	문자, 빨강이나 노랑의 보조색

❸ 색채치료

색채를 사용하여 물리적·정신적인 영향을 주어 환자를 치료

빨강	혈압을 상승시키고 근육계에도 영향을 미침으로써 심장과 혈액순환에 자극을 줌
주황	• 성적 감각을 자극하고 소화계에 영향 • 체액을 분비시키는 역할
노랑	• 신경계를 강화시켜 정신을 맑게 하며 근육 에너지를 생성 • 소화계를 깨끗하게 해주는 역할
초록	• 심장 기관에 도움을 주며 신체적 균형을 유지 • 혈액순환을 도와서 교감신경 계통에 영향을 주어 심호흡을 할 수 있게 함
파랑	• 진정 효과가 크고 호흡계·골격계·정맥계에 영향을 줌 • 자율신경계를 조절하여 혈압을 낮추는 역할
남색	마취와 연관성을 가지고 있어 마취 효과의 색으로 사용
보라	• 두뇌와 신경계에 영향을 미치고 있어 신경을 진정시키는 작용을 함 • 신진대사의 균형을 이루도록 도와줌

정답 01 ③ 02 ② 03 ④ 04 ① 05 ④

01 다음 중 색을 일반적으로 크게 구분한 것은 무엇인가?

① 무채색과 톤
② 유채색과 명도
③ 무채색과 유채색
④ 색상과 채도

해설
무채색은 흰색, 회색, 검정이고, 유채색은 빨강, 노랑, 파랑 등 다양한 색상으로 색상이 없는 색과 있는 색으로 크게 구분된다.

02 다음 중 식욕을 촉진하는 음식점 색채계획으로 적합한 것은?

① 회색 계열
② 핑크색 계열
③ 파란색 계열
④ 초록색 계열

해설
난색 계열은 식욕을 돋우고, 한색 계열은 식욕을 저하시킨다. 따라서 난색인 핑크색 계열이 식욕을 촉진시킨다.

03 색채의 연상에 대한 설명으로 옳지 않은 것은?

① 연상의 종류에는 구체적 연상과 추상적 연상이 있다.
② 특정 집단을 연령, 성별, 직업 등의 공통점으로 묶으면 연상의 내용에도 어떤 공통점이 보인다.
③ 색채 연상의 조사 방법은 자유연상법과 제한연상법이 있다.
④ 고채도 색일수록 연상어의 의미가 다양하지 않다.

해설
고채도 색상은 선명하고 강렬하여 다양한 감정과 연상어의 의미를 가진다.

04 색의 연상·공감각에 관련된 단어들과 가장 관련된 색은?

식욕, 위험, 정열, 흥분, 분노, 사랑, 금지

① 빨강
② 주황
③ 노랑
④ 연두

해설
빨간색은 강렬한 감정과 강한 에너지를 상징한다.

05 색의 감정에 대한 설명으로 옳은 것은?

① 채도가 높은 색은 탁하고 우울하다.
② 채도가 낮을수록 화려하다.
③ 명도가 낮은 배색은 어두우나 활기가 있다.
④ 명도가 높은 색은 주로 밝고 경쾌하다.

해설
채도와 명도가 높으면 색이 더 밝고 선명하며, 경쾌하고 활기찬 느낌을 준다. 채도와 명도가 낮으면 색이 더 탁하고 어두우며, 우울하고 차분한 느낌을 준다.

CHAPTER 04 배색 적용 의도 작성

PART 5 조색과 배색

기출유형 28 ▶ 색채 디자인의 이해

색의 3속성 개념을 도입한 색상환에 의해서 색의 조화를 유사조화와 대비조화로 나누고 정량적 색채조화론을 제시한 사람은?

① 오스트발트(Ostwald)
② 슈브뢸(Chevreul)
③ 먼셀(Munsell)
④ 저드(Judd)

| 정답 | ②

족집게 과외

❶ 색채조화론

㉠ 먼셀의 색채조화론
- 미국의 색채연구가 앨버트 헨리 먼셀(Alber H. Munsell, 1858~1918)
- 균형 이론
- 문·스펜서의 색채조화론에 영향을 줌
- 회전 혼색법을 사용하여 두 개 이상의 색을 배색할 때 명도단계 N5에서 색들이 가장 안정된 균형과 조화를 이룬다고 주장
- 무채색의 조화
- 단색상의 조화
- 동일 색상의 조화
- 동일 색조의 조화
- 그라데이션 배색의 조화
- 보색의 조화

㉡ 오스트발트의 색채조화론
- 독일의 화학자 빌헬름 오스트발트(Wilhelm Friedrich Ostwald, 1853~1932)
- '조화는 질서와 같다' 색채조화 이론 발표
- 무채색의 조화
- 동일색상의 조화 : 등백색, 등흑색, 등순색 계열의 조화
- 등가색환에서의 조화 : 등간격 배색, 유사색, 보색의 조화
- 보색 마름모꼴에서의 조화
- 다색조화

㉢ 슈브뢸의 색채조화론
- 프랑스의 화학자 슈브뢸(M. E. Chevreul : 1786~1889)
- 도미넌트 컬러 : 전체를 주도하는 색이 있음으로써 조화됨
- 세퍼레이션 컬러 : 흑색 윤곽은 이상적인 조화를 이루며, 부조화인 두 색은 백색이나 흑색을 더해 조화됨
- 보색 배색의 조화 : 두 색의 대비적 조화는 대립 색상에 의해 얻게 됨

㉣ 저드의 색채조화론
- 미국의 색채학자 저드(D. B. Judd : 1900~1972)
- 질서의 원리 : 규칙적인 색채의 요소가 일정하면 조화됨
- 친근감의 원리 : 사람들에게 익숙하고 잘 알려진 색은 조화됨
- 유사성의 원리 : 유사한 색은 조화됨
- 명료성의 원리 : 색이 명쾌하면 조화됨

㉤ 파버 비렌의 조화론
- 미국의 색채전문가 파버 비렌(Faber Birren : 1900~1988)

- 환경색채와 색채조절, 색채응용 분야에서 활동한 색채이론가이자 실천가로, 색채배합의 심리적 연구를 통해 새로운 색채조화의 방향을 제시
- 붉은 색채의 실내에서 시간이 길게 느껴지는 등 색의 속도감 강조

ⓑ 요하네스 이텐의 색채조화론
- 독일의 미술교육가이자 예술가 : 요하네스 이텐(Johannes Itten : 1888~1967)
- 12색상환을 기초로 보색대비와 다각형 구조를 활용해 2색부터 6색까지의 조화 이론을 제시

ⓢ 문·스펜서의 색채조화론
- 미국의 색채학자 문과 스펜서(P. Moon, D. E. Spencer)
- 먼셀 표색계를 기반으로 색의 삼속성에 따라 오메가 공간이라는 색입체를 만들고, 색채조화의 정도를 정량적 방법으로 제시

❷ 색의 대비
나란히 배열된 색들이 인접하는 다른 색의 영향으로 본래의 색과 다르게 지각되는 현상

계시대비	어떤 색을 보다가 다른 색을 보았을 때 앞의 색의 잔상 영향으로 본래의 색과 다르게 보이는 현상
동시대비	가까이 있는 두 색을 동시에 볼 때 서로의 영향으로 색이 다르게 보이는 현상
색상대비	색상 차이가 나는 두 색을 동시에 보았을 때 색상 차이가 나는 현상
명도대비	• 명도가 다른 두 색이 영향을 받아 명도가 다르게 느껴지는 현상 • 두 색의 명도 차가 클수록 대비 효과는 커짐
채도대비	채도가 다른 두 색이 서로 영향을 받아서 채도가 다르게 느껴지는 현상
보색대비	색상환에서 반대에 위치한 두 색이 영향을 받아서 채도가 높게 느껴지는 현상
연변대비	두 색이 병치되었을 때 경계선 부분에서 대비가 두드러지게 일어나는 현상
한난대비	따뜻한 색과 차가운 색이 대비되었을 때 차가운 색은 더 차갑게 느껴지고 따뜻한 색은 더욱 따뜻하게 느껴지는 현상
면적대비	면적 크기에 따라 색이 다르게 느껴지는 현상

❸ 색의 동화
색이 인접하고 있는 색의 영향으로, 인접 색에 가까운 색으로 보이는 현상

색상 동화	색이 혼합되어 색상의 변화가 보이는 현상
명도 동화	색이 혼합되어 명도의 변화가 보이는 현상
채도 동화	색이 혼합되어 채도의 변화가 보이는 현상

❹ 색의 잔상
강한 시각의 자극이 생긴 후, 자극을 제거한 후에도 그 흥분이 남아 있는 현상

정의 잔상	• 양성적, 긍정적 잔상 • 자극이 없어진 후에도 동질성이 잔상이 생기는 현상
부의 잔상	• 음성적, 부정적 잔상 • 자극이 없어진 후에 원자극과 반대의 잔상이 생기는 현상

❺ 색의 감정 효과
㉠ 색채와 온도감(따뜻함, 차가움)

난색 (장파장)	• 빨강, 주황, 노랑 • 따뜻함
한색 (단파장)	• 파랑, 남색, 청록 • 차가움
중성색	• 연두, 녹색, 보라, 자주 등 • 차갑거나 따뜻함

㉡ 색채와 중량감(가벼움, 무거움)
- 색의 중량감은 명도의 영향을 받음
- 고명도의 색은 가볍게 느껴지며 저명도의 색은 무겁게 느껴짐

㉢ 색채와 강약감(약함, 강함)
- 색의 강약감은 채도의 영향을 받음
- 고채도의 선명한 색은 강한 느낌, 저채도의 연한 색은 약하게 느껴짐

㉣ 색채와 경연감(부드러움, 딱딱함)
- 색의 경연감은 명도와 채도의 영향을 받음
- 저채도 고명도의 색은 부드럽게, 저채도 저명도의 색은 딱딱하게 느껴짐
- 경연감은 색채의 톤과 밀접한 관계가 있음

ⓜ 색채의 흥분과 진정
- 고채도의 난색 계열의 색은 흥분감을 줌
- 저명도 한색 계열의 색은 진정감을 줌

ⓑ 진출(팽창), 후퇴(수축)
- 명도와 색상의 영향을 받음
- 난색 계열의 고명도 색은 진출되어 보임
- 한색 계열의 저명도 색은 후퇴되어 보임

ⓢ 주목성
- 강한 대비를 통해 시각적으로 눈에 잘 띄게 만들어, 주의를 끌게 하는 효과
- 사람의 눈에 자극이 되어 잘 보임
- 난색 계열의 고채도 색이 주목성이 높음

ⓞ 명시성
- 두 색 이상의 배색 차이로 멀리서도 잘 보임
- 고명도 고채도의 색이 명시성이 높음

ⓩ 색채와 계절감

봄	• 고명도 색의 파스텔 계열 • 부드러움
여름	• 고명도, 고채도 • 시원함, 강렬함
가을	• 중명도, 중채도의 난색 계열 • 편안함, 따뜻함
겨울	• 저명도, 저채도의 한색 계열과 무채색 • 깨끗함, 차가움

기출유형 완성하기

정답 01 ① 02 ③ 03 ③ 04 ① 05 ①

01 저드(D. B. Judd)의 색채조화 원리가 아닌 것은?

① 삼속성의 원리
② 질서의 원리
③ 친근성의 원리
④ 유사성의 원리

[해설]
저드의 색채조화론에서 강조한 원리로는 질서의 원리, 친근감의 원리, 유사성의 원리, 명료성의 원리가 있다.

02 유채색의 연변대비에 관한 설명 중 옳지 않은 것은?

① 동시대비에 속한다.
② 자극이 접해진 부분에서 대비현상이 일어난다.
③ 두 색 사이에 유채색 테두리를 둘러 억제한다.
④ 눈부신 현상(섬광효과)을 동반하기도 한다.

[해설]
유채색의 연변대비는 두 색상 간의 경계에서 대비가 강하게 나타나는 현상으로, 테두리를 적용하면 오히려 대비가 극대화된다.

03 물체가 없어진 후에도 얼마 동안 상이 남아 있는 현상은?

① 상상
② 환상
③ 잔상
④ 추상

[해설]
잔상은 강한 시각 자극이 사라진 후에도 그 흥분이 남아 잠시 그 이미지를 계속 인식하는 현상이다.

04 색의 주목성에 관한 설명으로 옳지 않은 것은?

① 고채도보다 저채도 색의 주목성이 높다.
② 한색보다 난색의 주목성이 높다.
③ 노랑과 검정의 배색이 주목성의 대표적인 예이다.
④ 주의를 기울이지 않더라도 사람의 시선을 끌어 눈에 띄는 속성을 말한다.

[해설]
저채도보다 고채도의 색이 주목성이 높다.

05 보색대비에서 느낄 수 있는 감정은?

① 더욱 뚜렷하고 강한 느낌
② 더욱 부드러운 느낌
③ 더욱 안정적인 느낌
④ 더욱 따뜻한 느낌

[해설]
보색대비는 색상환에서 반대에 위치한 두 색이 영향을 받아 채도가 높게 느껴지는 현상으로, 뚜렷하고 강한 느낌을 준다.

기출유형 29 ▶ 색상&색조(톤, Tone) 분류표의 개념과 표시 방법

PCCS 표색계의 톤(Tone) 분류법과 관련이 없는 것은?

① 명도, 채도를 포함하는 복합개념이다.
② 각 색상마다 12톤으로 분류하였다.
③ 일본 색채연구소에서 만든 분류법이다.
④ 어두운 톤은 dull, 기호로는 d로 표기한다.

| 정답 | ④

족집게 과외

❶ 색상
㉠ 색채학자 그라스만(Grassmann)이 처음 도입한 개념
㉡ 빨강, 노랑, 초록, 파랑, 보라 등의 색채를 구별하는 기준이 되는 속성

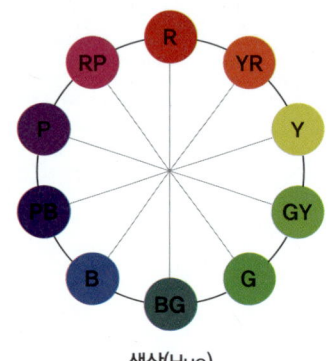
색상(Hue)

❷ 색조(톤, Tone)
㉠ 명도와 채도를 통합한 개념
㉡ 색조는 무채색의 밝고 어두운 정도와 무채색과 순색의 혼합 비율에 따라 색의 명암과 강약 차이를 만듦
㉢ ISCC-NIST 색이름 체계와 일본 색채연구소의 PCCS 표색계는 색조에 따른 형용사로 색을 구분
㉣ 한국산업규격 KS A 0011은 유채색 12단계, 무채색 5단계로 분류

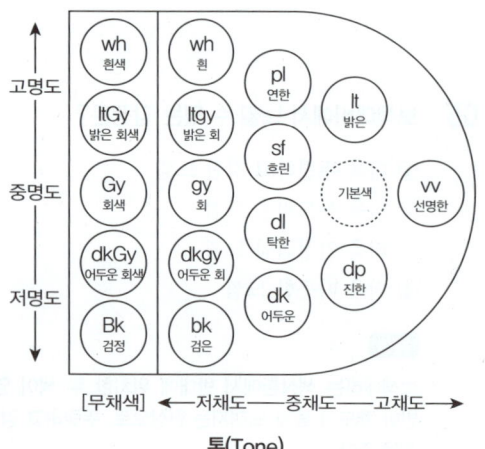
톤(Tone)

기출유형 완성하기

정답 01 ④ 02 ① 03 ① 04 ④ 05 ④

01 색조(Tone)에 관한 설명으로 옳은 것은?

① 색상, 명도, 채도를 동시에 나타낸다.
② 색상, 명도를 동시에 나타낸다.
③ 색상, 채도를 동시에 나타낸다.
④ 명도, 채도를 동시에 나타낸다.

해설
색조는 색상의 명도(밝기)와 채도(강도)를 조절하여 색의 변형을 나타낸다.

02 ISCC-NIST와 PCCS 표색계의 공통된 특징은?

① 색상을 형용사로 구분한다.
② 색상을 구체적 수치로 구분한다.
③ 색을 하얀색과 검은색으로만 구분한다.
④ 색상과 채도를 기준으로 구분한다.

해설
ISCC-NIST와 PCCS 표색계는 색상을 형용사로 구분하여 색을 직관적으로 정의한다.

03 KS A 0011의 표준색상 체계로 올바른 것은?

① 유채색 12단계, 무채색 5단계로 분류되어 있다.
② 유채색 12단계, 무채색 3단계로 분류되어 있다.
③ 유채색 7단계, 무채색 5단계로 분류되어 있다.
④ 유채색 7단계, 무채색 3단계로 분류되어 있다.

해설
KS A 0011은 유채색 12단계, 무채색 5단계로 분류되어 있다.

04 다음 중 색상에 대한 올바른 설명은?

① 색상은 빛의 파장에 따라 달라진다.
② 색상은 색의 밝기와 채도를 결정한다.
③ 색상은 색의 명도와 채도를 조절하는 요소이다.
④ 색상은 색의 종류를 정의하는 주요 요소이다.

해설
색상은 색의 종류를 정의하는 기본적인 특성으로 빛의 파장에 따라 구분된다.

05 다음 중 색채의 가법혼합에 관한 법칙을 제정한 학자는?

① 먼셀
② 영과 헬름홀츠
③ 헤링
④ 그라스만

해설
그라스만(Grassmann)은 색채의 가법혼합 법칙에 대한 연구를 통해 색광의 혼합법칙을 제정했다.

CHAPTER 04 | 배색 적용 의도 작성 87

기출유형 30 ▶ 색체계의 종류와 색 표시법

먼셀 색체계에서 색의 밝고 어두운 정도를 나타내는 기본적인 명도단계의 범위는?

① 1~5
② 1~12
③ 0~10
④ 0~14

| 정답 | ③

족집게 과외

❶ 색채 표준

색을 정량적이고 정확하게 측정

현색계	• 물체색을 색지각의 심리적인 삼속성(색상·명도·채도)에 따라 정량적·정성적으로 분류 • 대표적인 현색계 : 먼셀, KS(한국산업규격)
혼색계	• 색을 측색기로 측색하여 빛의 파장에 따른 색의 특징을 판별하여 객관적이고 정량적인 방법으로 표시 • 대표적인 혼색계 : CIE(국제조명위원회) 표색계

Tip ✓

• 색의 정량 : 색채를 수치적, 객관적으로 측정 (예 RGB, CMYK 등)
• 색의 정성 : 색채를 감정적, 심리적 반응으로 분석 (예 빨강 → 열정, 에너지 등)

❷ 먼셀 표색계(Munsell Color System)

㉠ 먼셀은 색채를 색상(H), 명도(V), 채도(C)에 의해 체계적으로 분류
㉡ 우리나라에서는 Munsell Color System을 한국산업규격(KS)으로 채택
㉢ 주요색 : 빨강(R), 노랑(Y), 녹색(G), 파랑(B), 보라(P)
㉣ 빨강(R), 주황(YR), 노랑(Y), 연두(GY), 녹색(G), 청록(BG), 파랑(B), 청보라(PB), 보라(P), 자주(RP)의 순서로 기본색을 10색상으로 나눔
㉤ 명도는 11단계로 나누어 표기하며, 수치가 높을수록(고명도) 밝고 수치가 낮을수록(저명도) 어두움
㉥ 채도는 14단계로 나누어 표기하며, 숫자가 높을수록 선명(고채도)하고 숫자가 낮을수록 탁(저채도)함
㉦ 색입체 : 색상(Hue)은 원으로, 명도(Value)는 중심의 세로축으로, 채도(Chroma)는 중심의 방사선으로 배치한 3차원 색상환

❸ 오스트발트 표색계(Ostwald Color System)

㉠ 빌 헬름 오스트발트는 순색, 백색, 흑색의 3가지 색을 혼합비율에 따라 체계적으로 분류
㉡ 헤링의 4원색 이론을 기본으로 함
  빨강(Red), 노랑(Yellow), 초록(Sea Green), 파랑(Ultramarine Blue)
㉢ 8가지 기본색을 다시 각기 3등분하여 24색상환으로 구성
㉣ 색입체
  • 삼각형을 회전시켜 만든 마름모형
  • 흰색은 중심 세로의 맨 위로, 검정은 맨 아래에 배치, 이 사이에 a, c, e, g, i, l, n, p로 알파벳을 기준 기호로 한 여덟 개 무채색 단계를 구성
  • a는 흰색, p는 검정
  • 표기법 : 색상번호, 백색량, 흑색량 순서로 표기 (예 7lc)
㉤ 표색계에 비해 직관적이지 못함

❹ NCS 표색계

㉠ 자연색을 기본으로 함
㉡ 기본색 : 노랑(Y), 빨강(R), 파랑(B), 초록(G)

❺ CIE 표색계(CIE Color System)

1931년 CIE(국제조명위원회)에서 채택한 표색계

기출유형 완성하기

정답 01 ① 02 ② 03 ③ 04 ④ 05 ②

01 먼셀(Munsell) 표색계의 기본색은?

① Red, Yellow, Green, Blue, Purple
② Yellow, Ultramarine Blue, Red, Sea Green
③ Orange, Turquoise, Purple, Leaf Green
④ Red, Green, Blue

해설
먼셀 표색계의 기본색은 빨강(R), 노랑(Y), 녹색(G), 파랑(B), 보라(P)이다.

02 다음 중 현색계에 속하지 않는 것은?

① Munsell System
② CIE System
③ NCS
④ DIN System

해설
CIE System은 혼색계에 속한다.

03 오스트발트의 표색계는 누구의 이론을 기본으로 하는가?

① 먼셀의 색상환
② 영의 3원색설
③ 헤링의 4원색설
④ 헬름홀즈의 색각

해설
오스트발트 표색계는 헤링의 4원색 이론을 기본으로 한다.

04 현색계와 혼색계에 대한 설명으로 옳지 않은 것은?

① 먼셀 색체계는 대표적인 현색계이다.
② CIE 색체계는 대표적인 혼색계이다.
③ 현색계는 물체색을 색의 3속성에 따라 분류한다.
④ 혼색계는 주관적인 방법으로 분류한다.

해설
혼색계는 객관적이고 정량적인 방법으로 분류한다.

05 빨강의 색상 기호를 먼셀 색체계에서 '5R 4/14'이라고 표시할 때, '5R'이 나타내는 것은?

① 명도
② 색상
③ 채도
④ 색명

해설
먼셀 색체계에서 기준이 되는 색상을 숫자 5로 표기한다.
예 빨강(5R), 노랑(5Y), 초록(5G), 파랑(5B), 보라(5P)

기출유형 31 ▶ 색명법과 표기 방법

한국산업표준(KS)에서 유채색의 기본색명에 속하지 않는 것은?

① 갈색 ② 다홍
③ 자주 ④ 분홍

| 정답 | ②

족집게 과외

❶ 색명법의 개념
색에 이름을 붙여 색을 구분해서 표시하는 방법

❷ 관용색명(고유색명)
㉠ 예로부터 관습적으로 사용된 색명
㉡ 물, 광물, 식물, 인명, 지명 등으로 쉽게 사용할 수 있음
㉢ 정확한 색의 전달이 어려운 단점이 있어 표색계의 색명을 사용

❸ 기본색명
㉠ 빨강, 주황, 노랑, 연두, 녹색, 청록, 파랑, 남색, 보라, 자주색, 분홍, 갈색을 기본색으로 사용
㉡ 무채색은 흰색, 회색, 검정을 기본색으로 사용

❹ KS 계통(일반색명)
㉠ 기본색명에 색상, 명도, 채도를 함께 사용한 색명
㉡ 선명한 빨강, 밝은 노랑 등 색의 삼속성을 조합하여 색상을 표기

계통색명 표기법
명도 및 채도에 관한 수식어 → 색이름 수식형 → 기본색명

정답 01 ② 02 ④ 03 ③ 04 ④ 05 ③

01 KS A 0011 물체색의 색이름 중 관용색명, 계통색명, 먼셀 표기의 순서가 잘못 연결된 것은?

① 카키색 – 탁한 황갈색 – 2.5Y 5/4
② 빨강 – 사과색 – 7.5R 4/10
③ 세룰리안 블루 – 파랑 – 7.5B 4/10
④ 진달래색 – 밝은 자주 – 7.5RP 5/12

[해설]
계통색명은 명도 및 채도 → 색이름 → 기본색명으로 표기한다.
② 사과색 – 빨강 – 7.5R 4/10으로 표기하는 것이 옳다.

02 한국산업표준(KS) 색명에 있어 명도와 채도에 관한 수식어가 아닌 것은?

① 밝은
② 탁한
③ 진한
④ 깨끗한

[해설]
깨끗한은 색의 밝기나 채도를 구체적으로 표현하는 수식어가 아니다.

03 다음 중 계통색명의 표시로 옳은 것은?

① 개나리색
② 황토색
③ 선명한 연두
④ 은회색

[해설]
계통색명은 명도와 채도에 따라 색상을 표현한다.
③ 선명한 연두는 채도(선명한)와 색상(연두)을 조합한 계통색명이다.

04 다음 관용색명 중 지명(地名)에서 따온 것은?

① 살몬 핑크(Salmon Pink)
② 피치(Peach)
③ 앰버(Amber)
④ 프러시안 블루(Prussian Blue)

[해설]
• 프러시안 블루(Prussian Blue)는 지명에서 유래된 색이다.
• 살몬 핑크(Salmon Pink)는 연어의 살색, 피치(Peach)는 복숭아의 색, 앰버(Amber)는 호박(보석)의 색에서 유래되었다.

05 색이름의 분류에 관한 설명으로 옳지 않은 것은?

① 실제 색이 아닌 개인의 경험에 의한 개인적 상징색을 기억색이라고 한다.
② 고유색은 눈에 보이고, 일정한 광원 조건하에서 실측된 실제 측정색이라고 한다.
③ 특정 색에서 오는 연상과 언어의 의미는 전달되지만, 감성적 형용사의 의미를 함께 전달할 수는 없다.
④ 주관적이며 상징적인 의미를 가지며, 자연현상이나 일기의 변화에서 느껴지는 색을 현상색이라고 한다.

[해설]
색상은 특정 색에서 오는 연상과 언어의 의미뿐만 아니라, 감성적 형용사의 의미도 함께 전달할 수 있다.

기출유형 32 ▶ 색채이미지 스케일

SD법의 감정 측정 방법으로 알맞게 짝지어진 것은?

① 좋음-나쁨
② 밝음-어두움
③ 부드러움-딱딱함
④ 동적-정적

| 정답 | ①

족집게 과외

❶ 이미지 스케일
㉠ 색상의 감정 효과, 연상, 상징 등을 체계적으로 분석하여 구성한 이미지 공간
㉡ 감성 배색과 디자인의 기본 지식으로, 색에 대한 객관성과 정확성을 높임
㉢ 개인, 문화, 환경에 따라 다르므로 주제에 맞게 제작하여 활용해야 함

❷ 색채조사 분석
㉠ 오스굿(C. E. Osgoods)
  감정의 측정과 분석에 기여했으며, 색채의 감정적 반응을 연구
㉡ SD법(Semantic Differential Method)
  감성의 평가를 위해 오스굿(C. E. Osgoods)이 개발한 심리측정 기법
㉢ 감정 측정 방법
  평가(좋음-나쁨), 활동(활발함-비활동적), 강도(강렬함-약함)
㉣ 한국인의 색채이미지 공간은 SD법으로 조사하고 SPSSPC+로 분석하여 디자인에 활용

❸ I.R.I 이미지 스케일
㉠ 색상과 감정을 표현하고, 색상이 감정을 어떻게 나타내는지 해석하는 도구
㉡ I.R.I 컬러 연구소는 12개 대표 형용사와 101개 색상 형용사로 색상을 톤 앤 매너로 표현
㉢ 가로축(Horizontal axis)은 동적/정적, 세로축(Vertical axis)은 부드러움/딱딱함으로 나누어 평가

기출유형 완성하기

정답 01 ④ 02 ④ 03 ④ 04 ④ 05 ②

01 다음 중 색상의 감정 효과, 연상, 상징 등을 체계적으로 분석하여 구성한 이미지 공간을 설명하는 것은?

① 색상 조화
② 색채 이론
③ 색상 팔레트
④ 이미지 스케일

해설
이미지 스케일은 색상의 감정 효과와 상징을 분석하여 구성하며, 감성 배색과 디자인에서 객관성과 정확성을 높이는 데 중요한 역할을 한다.

02 다음 중 감성 평가를 위한 요인 분석적 기법을 개발한 학자는?

① 먼셀(Munsell)
② 그라스만(Grassmann)
③ 시겔(Siegel)
④ 오스굿(C. E. Osgood)

해설
오스굿은 감성 어휘 분석을 통해 감정의 차원을 측정하는 방법을 제안했다.

03 다음 중 색채의 감성적 반응을 측정하는 방법으로 올바른 것은?

① 색채 심리 분석
② 색상 조화 이론
③ 색상 배색 이론
④ SD법

해설
SD법은 색상의 감성적 반응을 측정하며 감정이나 연상을 평가하는 방법이다.

04 다음 중 색상과 감정의 관계를 분석하여 시각화하는 도구로, 12개의 대표 형용사와 101개의 색상 형용사를 사용하는 방식은?

① CIE 색도계
② 색채 대조 이론
③ 색상 혼합 모델
④ I.R.I 이미지 스케일

해설
I.R.I 이미지 스케일은 색상과 감정의 관계를 분석하고 시각화하는 도구로, 12개의 대표 형용사와 101개의 색상 형용사를 사용한다.

05 다음 중 이미지 스케일의 특징이 아닌 것은?

① 색상의 감정 효과와 상징을 분석한다.
② 색상 혼합의 물리적 원리를 설명한다.
③ 색채 감성의 객관성을 높인다.
④ 색상에 대한 주관적 해석을 객관화한다.

해설
이미지 스케일은 색상의 감정 효과와 상징을 분석하여 감성의 객관성을 높이는 데 도움을 주지만, 색상 혼합의 물리적 원리를 설명하지는 않는다.

모든 전사 중 가장 강한 전사는
이 두 가지, 시간과 인내다.

– 레프 톨스토이 –

PART 6
2D 그래픽 제작

CHAPTER 01　2D 이미지 제작

CHAPTER 02　2D 이미지 합성·보정

CHAPTER 03　타이포그래피

CHAPTER 01 2D 이미지 제작

PART 6 2D 그래픽 제작

기출유형 33 ▶ 2D 컴퓨터그래픽의 이해

컴퓨터그래픽스의 발전 요인 중 그 이유가 다른 하나는?

① 다양한 프로그램의 개발
② 멀티미디어의 확대
③ 컴퓨터의 기능 향상
④ 컴퓨터의 가격 인하

| 정답 | ④

족집게 과외

❶ 컴퓨터그래픽(Computer Graphics)
㉠ 컴퓨터를 이용해 디지털 이미지를 다루는 기본적인 기술
㉡ 픽셀과 벡터를 기반으로 다양한 시각적 콘텐츠를 생성·편집
㉢ 그래픽 디자인, 게임 개발, 애니메이션, 인쇄물 디자인 등 여러 분야에서 활용

❷ 디지털 콘텐츠(Digital Contents)
㉠ 아날로그 형태를 0과 1의 비트로 디지털화한 콘텐츠를 의미함
㉡ 첨단 IT 기술로 디지털 포맷으로 가공·처리하여 정보 통신망, 디지털 방송망, 디지털 저장 매체 등을 통해 활용하는 정보
㉢ 디지털 콘텐츠는 정보 상품, 정보 서비스, 정보 생산품이 결합된 것
㉣ 디지털 콘텐츠의 특징

비파괴성 (항상성)	시간이 지나도 똑같은 품질 유지
변형 가능성	자유롭게 정보의 추가, 삭제, 수정 가능
보관의 편리성	보관 비용이 저렴하며, 공간 낭비를 최소화
결합성	다양한 디지털 콘텐츠를 쉽게 결합하여 새로운 콘텐츠를 만들 수 있음
재생산성	생산된 디지털 콘텐츠는 무한 반복 재생산
상호 작용성	정보 이용자가 동시에 제공자가 됨
편집성	새로운 내용의 추가와 수정이 용이
비소멸성	생산된 콘텐츠는 형태나 품질을 반영구적으로 유지

❸ 멀티미디어(Multimedia)
㉠ 디지털 기반으로 다양한 미디어 요소를 결합하여 정보를 전달
㉡ 다양한 감각을 활용한 직관적인 메시지 전달
㉢ 상호작용성으로 몰입감을 높임

❹ GUI(Graphic User Interface)
㉠ Macintosh는 GUI를 사용한 최초의 대중적인 퍼스널 컴퓨터
㉡ 아이콘과 같이 직관적인 그래픽 요소를 사용하여 컴퓨터를 조작

기출유형 완성하기

정답 01 ① 02 ② 03 ③ 04 ③ 05 ②

01 컴퓨터그래픽스의 긍정적 효과가 아닌 것은?

① 지적 재산에 대한 보호 용이
② 컴퓨터 시뮬레이션을 통한 비용 절감
③ 시각적 전달 효과가 높은 문서 증가
④ 디자인 개발에서 분석 및 설계의 용이

해설
지적 재산 보호는 저작권과 특허법에 따르며, 컴퓨터그래픽스는 이를 보호하지 않는다.

02 멀티미디어의 특징으로 볼 수 없는 것은?

① 다양한 데이터를 디지털로 변환하여 처리한다.
② 공급자가 사용자에게 프로그램을 정하여 제공하는 미디어이다.
③ 하이퍼링크 기능과 같이 사용자 선택에 의해 데이터 처리가 가능하다.
④ 여러 형태의 매체가 통합되어 정보를 전달한다.

해설
멀티미디어는 사용자가 선택하여 데이터를 처리하는 상호작용적 특성을 가진다.

03 디자인 도구로서의 컴퓨터그래픽스에 대한 내용으로 잘못된 것은?

① 가장 보편적인 분류에 의하면 2차원적인 평면 처리와 3차원적인 입체 처리로 나누어진다.
② 수정이 용이하며 무한대로 복제할 수 있다.
③ 컴퓨터그래픽스는 3차원의 물체를 표현하며 예술성 있는 작품은 구현이 어렵다.
④ 3차원 물체에 명암과 색상을 입히는 과정을 렌더링이라고 한다.

해설
컴퓨터그래픽스는 3차원 물체를 표현할 수 있으며, 예술성 있는 작품을 구현할 수 있다.

04 다음 디자인 프로세스 과정 중 컴퓨터가 직접적으로 대신할 수 없는 과정은?

① 드로잉 작업
② 이미지 표현 작업
③ 아이디어 발상
④ 페인팅 작업

해설
아이디어 발상은 인간의 창의적인 사고에 달려있다.

05 다음 컴퓨터그래픽스의 이용 효과와 거리가 먼 것은?

① 디자인상에서 발생할 수 있는 오류를 사전에 방지할 수 있다.
② 디자인 전개의 다양화로 소품종 다량 생산이 용이해졌다.
③ 신속한 도면 설계와 수정 및 변형이 자유로운 유동성이 있다.
④ 설계 기법의 표준화로 생산성 향상을 가져올 수 있다.

해설
컴퓨터그래픽스는 디자인 단계에서 효율성을 높이는 도구로, 생산 방식 자체에 영향을 미치지 않는다.

기출유형 34 ▶ 아이데이션 구체화 방법

컴퓨터그래픽스의 이미지 작업 시 고려할 사항으로 거리가 먼 것은?

① 클립아트를 사용하는 경우 저작권을 확인해야 한다.
② 처음 입력된 이미지의 화질이 최종 결과물의 화질을 결정한다.
③ 가장 높은 화질의 고해상도 이미지가 필요할 때는 고급인쇄에 사용되는 평판스캐너를 사용해야 한다.
④ 이미지는 출력을 고려하여 작업 크기보다 크게 스캔을 받는다.

| 정답 | ④

족집게 과외

❶ 사진
  ㉠ 전달하는 내용을 사실적으로 표현
  ㉡ 사실성, 현장성, 기록성의 특성

❷ 일러스트레이션
  ㉠ 전달하는 내용을 상징적, 풍자적, 해학적, 설명적, 장식적으로 표현
  ㉡ 설명적, 인상적
  ㉢ 사람들의 시선을 끄는 주목성
  ㉣ 친근함, 부드러운 느낌

❸ 그래픽 및 서식
  ㉠ 인포그래픽 : 정보의 시각전달을 위해 본문과 일러스트레이션을 혼합(차트, 지도, 다이어그램)
  ㉡ 사이드바 : 긴 기사 옆에 곁들이는 짧은 관련 기사
  ㉢ 도표(차트, 그래프) : 숫자 데이터를 시각적으로 제시하는 분석적 그래픽
  ㉣ 다이어그램 : 쉽고 빠른 정보의 이해를 위해 점, 선, 면, 기호로 표현한 그림(비교 통계, 조직 계통, 기능 해부, 행사 알림, 통계 지도 등)

❹ 타이포그래피
  ㉠ 정보 전달 기능, 심미적 기능
  ㉡ 가독성이 중요함
  ㉢ 미적 요소 : 서체, 크기, 위치, 색상 등

기출유형 완성하기

정답 01 ④　02 ③　03 ①　04 ④　05 ①

01 2차원 시각디자인의 기본 요소에 해당하지 않는 것은?

① 타이포그래피
② 사진
③ 일러스트레이션
④ 디스플레이

해설
디스플레이는 디자인된 콘텐츠를 보여주는 장치이다.

02 다음 다이어그램에 관한 설명 중 옳지 않은 것은?

① 객관적인 정보의 내용을 강조한다.
② 커뮤니케이션 효과를 증대시킨다.
③ 선과 그래프만을 사용하여 간결하게 표현한다.
④ 다이어그램의 사용은 지각을 확장시킨다.

해설
다이어그램은 선과 그래프뿐만 아니라 도형, 색상, 텍스트 등 다양한 시각적 요소를 활용하여 정보를 전달한다.

03 다음 중 사실성, 현장성, 기록성의 특성을 가진 2D 그래픽 이미지 구성 요소는?

① 사진
② 일러스트레이션
③ 타이포그래피
④ 아이콘

해설
사진은 실제 사물이나 장면을 정확하게 기록하고, 현장의 진실성을 전달하며, 사건이나 상황을 사실적으로 표현한다.

04 다음 중 2D 그래픽 이미지 구성 요소로 옳지 않은 것은?

① 사진
② 일러스트레이션
③ 타이포그래피
④ 3D 모델링

해설
3D 모델링은 3차원 공간에서 객체를 생성하고 조작하는 기술로, 2D 그래픽 이미지의 구성 요소가 아니다.

05 다음 중 일러스트레이션의 특성에 대한 올바른 설명은?

① 상징적이고 설명적인 방식으로 내용을 표현한다.
② 주로 사실적이고 기록적인 정보 전달을 목적으로 한다.
③ 주목성을 고려하여 기계적인 스타일로 제작된다.
④ 주로 텍스트 기반의 정보를 제공하는 데 사용된다.

해설
일러스트레이션은 상징적이거나 설명적인 방식으로 시각적 메시지를 전달하고, 예술적 표현을 통해 복잡한 아이디어나 감정을 효과적으로 전달한다.

기출유형 35 ▶ 2D 그래픽 이미지 작업의 이해

그래픽 이미지 형성에 있어서 다음 중 그 성격이 다른 것은?

① 화소(Pixel)　　　　　　　　② 래스터 이미지
③ 벡터 이미지　　　　　　　　④ 비트맵 그래픽

| 정답 | ③

족집게 과외

❶ 픽셀(화소)
- ㉠ 컴퓨터 이미지를 구성하고 있는 최소 단위의 점
- ㉡ 비트맵 이미지를 구현하는 그래픽 소프트웨어에서 사용
- ㉢ 컴퓨터 화면의 이미지는 픽셀이라는 정사각형의 픽셀로 구성
- ㉣ 모니터에서 픽셀은 수평축과 수직축의 좌표계로 표시되며, 그리드(Grid)를 형성
- ㉤ 색과 톤으로 이미지가 형성됨
- ㉥ 실사 이미지를 형성

❷ 해상도(Resolution)
- ㉠ 화면에 나타낼 수 있는 이미지 색 정보의 양을 의미
- ㉡ 이미지의 선명도와 정밀도를 결정
- ㉢ PPI(Pixel Per Inch)는 화면에서 1인치당 몇 개의 픽셀로 이루어졌는지를 나타냄
- ㉣ DPI(Dot Per Inch)는 인쇄에서 1인치당 몇 개의 점으로 이루어졌는지를 나타냄
- ㉤ 모니터에서는 보통 72dpi 또는 96dpi 이미지를 사용
- ㉥ 인쇄물에서는 300dpi를 사용
- ㉦ 해상도가 높을수록 이미지가 깨끗하고 선명

❸ 비트맵 이미지(Bitmap Image)
- ㉠ 최소 단위인 픽셀로 구성
- ㉡ 상세한 명암과 색상을 필요로 하는 사진이나 그림을 구현하는 데 사용
- ㉢ 확대 및 축소를 할 때 이미지 손상이 일어남
- ㉣ 비트맵 방식에서 이미지의 상태는 해상도와 크기로 결정
- ㉤ 벡터보다 용량이 큼
- ㉥ 래스터 방식의 그래픽 소프트웨어 : Adobe Photoshop, Corel Painter 등

❹ 벡터 이미지(Vector Image)
- ㉠ 모니터에서 각 선분이나 베이지 곡선 등으로 이미지를 저장
- ㉡ 각 포인트와 좌표의 색상이 수치·수학적 계산으로 이루어짐
- ㉢ 객체 지향적 이미지, 오브젝트 이미지, 포스트스크립트 이미지
- ㉣ 확대·축소할 때 이미지 손상이 없음
- ㉤ 선과 면에 색상을 정교하게 표현
- ㉥ 비트맵 이미지처럼 섬세한 색상 표현이 어려움
- ㉦ 픽토그램, 다이어그램, C.I, 문자, 캐릭터 작업 등에 사용
- ㉧ 벡터 방식의 그래픽 소프트웨어 : Adobe Illustrator, Corel Draw 등

베이지 곡선
제어점들을 기반으로 수학적으로 계산된 부드러운 경로 생성

⑤ 이미지 저장 파일 포맷의 종류

AI (.ai)	• 대표 프로그램 : Illustrator • 벡터 이미지 소프트웨어의 파일 포맷 • 색상의 보존력이 뛰어나고 선명하여 인쇄물에 많이 사용됨 • 프로그램의 버전 간에 호환이 되지 않을 수 있어 저장 시 유의
PSD (.psd)	• 대표 프로그램 : Photoshop • 비트맵 이미지 소프트웨어의 기본 파일 포맷 • 레이어, 폰트, 알파 패스, 채널 등을 함께 저장 • 이미지가 복잡하고 정교할수록 파일의 용량이 커짐 • 작업된 원본 파일을 저장할 때 사용되며, 다른 프로그램과 호환되지 않음
EPS (.eps)	• 인쇄용 파일 포맷으로 고해상도의 그래픽 이미지를 표현 • CMYK 모드 지원, 4도 분판 출력 가능 • 벡터, 비트맵 동시 지원 • 파일의 용량이 큼
JPEG (.jpg)	• 높은 압축률, 작은 파일 용량, 정교한 색상 표현 가능 • 파일 포맷 중 가장 많이 사용됨 • 이미지 정보의 압축 방식을 표준화한 포맷 • 손실 압축 방법 • RGB와 CMYK 모드 지원 • 비트맵 지원
GIF (.gif)	• 배경이 투명한 이미지와 애니메이션 파일 저장 • 웹에서 가장 많이 사용됨 • 256 이하의 컬러 사용 • 파일 크기를 최소화할 수 있으며, 압축률이 높음 • 비트맵 지원
PNG (.png)	• GIF와 JPEG의 장점을 합친 것으로 8비트 컬러를 24비트 컬러처럼 저장할 수 있음 • 무손실 압축 방식 • PNG-8은 GIF 방식, PNG-16은 JPEG를 지원 • 비트맵 지원
TIFF (.tif)	• 고해상도 출력, 이미지 스캐닝 및 전송을 위해 사용하는 포맷 • 호환성이 뛰어나 PC와 매킨토시에서 함께 사용 가능 • 무손실 압축 방식으로 파일 용량을 최대한 줄임 • 비트맵 지원
BMP (.bmp)	• 24비트 색상을 포함하는 윈도우 시스템의 기본 그래픽 파일 포맷 • 다른 포맷에 비해 용량이 큼 • 비트맵 지원
PICT (.pict)	• 매킨토시용 표준 그래픽 파일 포맷 • 32비트 색상 처리 가능 • 벡터, 비트맵 동시 지원 • RGB 컬러와 알파 채널, JPEG 압축을 지원
PDF (.pdf)	• 아크로뱃 프로그램에서 사용되는 문서 작성용 파일 형식 • 검색과 내비게이터 기능으로 하이퍼텍스트와 전자 목차 기능이 제공되어 디지털 출판에 적합 • 다양한 시스템 환경에서 호환 • 벡터, 비트맵 동시 지원

기출유형 완성하기   정답 01 ② 02 ② 03 ② 04 ④ 05 ③

01 다음 중 크기를 변화시켜 출력해도 이미지 데이터의 해상도가 손상되지 않는 이미지는?

① Bitmap Image
② Vector Image
③ TIFF Image
④ PICT Image

해설
모니터에서 각 선분이나 베이지 곡선으로 이미지를 저장하는 벡터 이미지는 크기를 변화시켜 출력해도 이미지가 손상되지 않는다.

02 이미지 정보의 압축 방식을 표준화한 이름은?

① VGA
② JPEG
③ MPEG
④ AVI

해설
이미지 정보의 압축 방식을 표준화한 포맷은 JPEG이다.
• VGA : 컴퓨터 모니터의 해상도 표준
• MPEG, AVI : 비디오 및 오디오 압축 포맷

03 벡터 이미지의 특성에 대한 설명으로 옳지 않은 것은?

① 선과 면이 깔끔하고 정갈하다.
② 다양한 질감과 사실적인 효과의 연출이 가능하다.
③ 글자, 로고, 캐릭터 디자인에 적합하다.
④ 축소, 확대하여도 이미지의 질에 영향을 주지 않는다.

해설
다양한 질감과 사실적인 효과는 비트맵 이미지에서 표현할 수 있다.

04 크기를 확대 또는 축소해도 이미지 데이터의 해상도가 손상되지 않는 벡터 파일 형식은?

① BMP
② TIFF
③ PCX
④ EPS

해설
• EPS는 벡터 기반의 파일 형식으로, 자유롭게 크기를 조절할 수 있다.
• BMP, TIFF, PCX는 비트맵 이미지의 형식으로, 해상도에 따라 이미지 품질이 달라진다.

05 다음 ( ) 안에 들어갈 내용으로 알맞은 것은?

( )는 디지털 색채의 활용에서 그래픽 화면의 밀도를 나타내는 척도로서, 그 화면의 선명한 정도를 일컫는 용어이다.

① 화소
② 조도
③ 해상도
④ 음영도

해설
해상도는 디지털 이미지의 선명도와 품질을 결정한다.

기출유형 36 ▶ 2D 그래픽 이미지의 색상 모드 활용

포토샵 프로그램에서 Lighting Effects 필터를 적용할 때, 적합한 컬러 모드는?

① RGB 모드
② CMYK 모드
③ Gray Scale 모드
④ Index 모드

| 정답 | ①

족집게 과외

❶ RGB
- ㉠ 색의 수치로 나타내는 컴퓨터에서 사용
- ㉡ 빛의 3원색 : 빨강(Red), 녹색(Green), 파랑(Blue)
- ㉢ 가산혼합 방식
- ㉣ 색상별로 각각 0~255의 범위 사용
- ㉤ 모두 0이면 검은색, 모두 255이면 흰색

❷ CMYK
- ㉠ 잉크의 비율로 색을 나타내는 인쇄용 모드
- ㉡ 시안(Cyan), 마젠타(Magenta), 노랑(Yellow), 검정(Black)
- ㉢ 감산혼합 방식
- ㉣ 밝은색은 잉크 비율이 적고, 어두운 색은 잉크 비율이 큼

❸ HSB
색상(Hue), 채도(Saturation), 밝기(Brightness)로 색 표현

❹ HSV
색상(Hue), 채도(Saturation), 명도(Value)의 좌표로 색을 지정

❺ 그레이스케일(Gray Scale)
- ㉠ 흑백만 표현
- ㉡ 최대 비트 심도(Bit Depth) : 8비트

❻ Index
- ㉠ 이미지 색상을 256색 팔레트로 변환해 파일 크기를 줄이는 방식
- ㉡ 웹 그래픽 등에 사용

> **Tip** ✓
>
> 컬러 개멋(Color Gamut)
> - 특정 색 공간이 표현할 수 있는 색상의 범위
> - RGB 색상 모드(모니터, TV)와 CMYK 색상 모드(인쇄물)의 색상 표현 영역이 다름

기출유형 완성하기

정답 01 ④ 02 ① 03 ③ 04 ③ 05 ②

01 컴퓨터 모니터상의 컬러와 인쇄, 출력물의 컬러 차이가 생기는 원인이 아닌 것은?

① 모니터 색상을 구성하는 컬러와 인쇄잉크의 컬러 구성이 다르기 때문이다.
② 모니터의 색상 표현 영역(Color Gamut)과 인쇄잉크의 표현 영역이 다르기 때문이다.
③ 모니터와 프린터의 캘리브레이션(Cali-bration)이 부정확하기 때문이다.
④ 모니터의 이미지 전송속도와 프린터의 처리 속도가 다르기 때문이다.

해설
색상 차이는 색상 모델과 색상 공간의 차이로 인해 발생하며, 이미지 전송속도나 프린터의 처리속도와는 관련이 없다.

02 RGB 모드 색상에 관한 설명 중 옳지 않은 것은?

① 혼합될수록 어두워지는 감산혼합이다.
② 영상 이미지 또는 TV 등의 컬러 처리를 수행한다.
③ 빛의 3원색이라고도 한다.
④ 최대의 강도로 3가지 색의 빛이 겹칠 때 흰색으로 보인다.

해설
RGB 모드는 혼합될수록 점점 밝아지는 가산혼합방식이다.

03 컴퓨터의 컬러 모니터에 색을 표현하는 색체계와 거리가 먼 것은?

① RGB 컬러
② 빛의 3원색
③ CMYK 컬러
④ 가산혼합 방식의 색 표현

해설
CMYK 컬러는 인쇄 시 사용되는 색체계이다.

04 컴퓨터 모니터가 재현하는 색의 특징을 설명한 것으로 옳지 않은 것은?

① 모니터의 색은 빨강, 녹색, 파란색의 혼합으로 만들어진다.
② 컴퓨터 비트 심도가 높아질수록 모니터가 재현할 수 있는 색도 증가한다.
③ 모니터의 색들은 빛의 조합으로 감법혼합에 해당한다.
④ 모니터의 모든 색이 혼합되면 흰색이 된다.

해설
모니터의 색은 빛의 3원색인 가산혼합에 해당한다.

05 디지털 색채 체계의 유형에 대한 설명으로 옳지 않은 것은?

① HSV 색공간은 실제 페인트 혼합에 근거를 둔 색교정이 쉬운 인터페이스를 제공한다.
② RGB 데이터를 CMYK로 변환하는 과정에서 색상이 손실되지 않는다.
③ RGB 형식은 빨강(Red), 초록(Green), 파랑(Blue)을 혼합하여 우리가 볼 수 있는 모든 컬러를 재현하는 것이다.
④ CMYK 형식은 표현할 수 있는 컬러의 범위가 RGB보다 좁다.

해설
RGB와 CMYK 색상은 표현하는 방식이 다르므로 RGB에서 CMYK로 변환할 때는 색상이 손실되거나 변경될 가능성이 있다.

CHAPTER 02 2D 이미지 합성·보정

PART 6 2D 그래픽 제작

기출유형 37 ▶ 2D 그래픽 이미지 합성·보정

포토샵에서 이미지 편집 시 패스(Path) 기능이 필요 없는 경우는?

① 전체 이미지의 밝기와 색상 보정하기
② 경로를 따라가는 글자 입력하기
③ 스캔 받은 이미지의 일부분을 따내기
④ 특정 모양을 만들어 채색하기

| 정답 | ①

족집게 과외

❶ Photoshop(사진 이미지 편집 소프트웨어)
- ㉠ 2차원 그래픽 : 미국 어도비(Adobe) 시스템에서 개발
- ㉡ 픽셀 기반의 래스터 방식으로 이미지를 구성하고, 각 픽셀을 비트맵 방식으로 저장하여 그래픽을 표현
- ㉢ 이미지 색상 보정, 이미지 합성, 사진 복원, 문자 디자인 등의 작업 수행
- ㉣ 기본 화면 : 메뉴바, 옵션바, 툴바, 작업 영역, 패널로 구성

❷ 이미지 레이어
여러 장의 이미지를 중첩되게 쌓아서 위에 있는 이미지의 부분을 오리거나 블렌드 모드로 색상 값을 합치는 등 새로운 이미지 조합에 사용되는 필수 기능

❸ 알파 채널
- ㉠ 음영을 바꾼 흑백의 이미지를 말하며, 마스크로 사용
- ㉡ 선택된 영역이 합성되지 않도록 막아주는 마스크 역할을 함
- ㉢ 마스크란 작업영역을 분할하고 선택하며, 레이어 상에서는 이미지를 오려내서 투명하게 보임(검은색 부분이 투명해짐)

❹ 필터
이미지에 질감, 분위기 등 다양한 표현을 적용
- ㉠ Artistic(예술 효과) : Cutout(오려내기), Dry Brush(드라이 브러시) 등
- ㉡ Brush Strokes(브러시 선) : Angled Strokes(각진 선), Crosshatch(그물눈) 등
- ㉢ Distort(이미지 왜곡) : Diffuse Glow(광선 확산), Glass(유리) 등
- ㉣ Sketch(스케치) : Graphic Pen(그래픽 펜), Halftone Pattern(하프톤 패턴) 등
- ㉤ Stylize(특정 스타일) : Wind(바람), Emboss(입체) 등
- ㉥ Texture(질감) : Grain(그레인), Texturizer(텍스처화) 등
- ㉦ Blur(흐림) : Blur(흐림), Gaussian Blur(가우시안 흐림) 등
- ㉧ Noise(노이즈) : Add Noise(노이즈 추가)
- ㉨ Pixelate(픽셀화) : Color Halftone(컬러 하프톤), Crystallize(수정화) 등
- ㉩ Render(렌더) : Clouds(구름), Lens Flare(렌즈 플레어) 등
- ㉪ Sharpen(선명 효과) : Shapen(선명하게)

❺ 블렌드 모드

레이어 상의 색상 값을 혼합하는 방법으로 다양한 종류가 있음

Normal	상하위 두 이미지의 합성을 하지 않은 상태
Multiply	상위 색상 값을 곱하는 방식으로 어두운색이 합쳐지는 효과를 냄
Darken	상위 레이어의 어두운 부분 중심으로 하위 레이어에 합성되는 방식
Lighten	상위 레이어의 밝은 부분 중심으로 하위 레이어에 합성되는 방식
Screen	상하위 두 이미지의 밝은색이 합쳐져서 이미지가 밝아짐
Difference	상위 이미지를 리버스 합성하는 방식으로, 보색으로 표현
Grain Merge	상하 이미지의 질감 합치기 방식으로 이미지들이 합성됨

❻ 커브를 이용한 이미지 오리기

경로 커브를 사용하여 이미지의 특정 부분을 정밀하게 잘라낼 수 있음

❼ 이미지 수정 방법(보정)

포토샵 Image 메뉴의 Adjustment에 있는 세부 메뉴에서 여러 가지 방식을 사용하여 이미지를 수정할 수 있음

Brightness/Contrast	밝고 어둡게 하거나 색상의 대비 조정
Levels	어두운 톤, 중간 톤, 밝은 톤의 밝기 조정
Curves	• 곡선 그래프를 이용하여 색상의 대비와 밝기 조정 • Levels에 비해 정교하며, 채널을 설정하여 색상 조정
Hue/Saturation	색상, 채도, 명도 조정
Color Balance	균형 잡힌 색상 조정
Variations	여러 개의 창으로 결과를 확인하며 색상 조정

기출유형 완성하기

정답 01 ② 02 ① 03 ③ 04 ③ 05 ③

01 2차원 이미지를 3차원 이미지처럼 입체적으로 보이기 위해 주로 사용하는 필터는?

① Blur 필터
② Emboss 필터
③ Wind 필터
④ Sharpen 필터

해설
① Blur(블러) : 이미지를 흐릿하게 만드는 필터
③ Wind(윈드) : 이미지에 바람결을 추가하는 필터
④ Sharpen(선명화) : 이미지의 선명도를 높이는 필터

02 사진 촬영 시 카메라 렌즈에 끼워 사물을 독특하게 보이게 하는 것과 같이 그래픽 이미지에 특징적인 효과를 적용하여 변경해 주는 기능은?

① Filter
② Feather
③ Fade
④ Facet

해설
② Feather(페더) : 이미지의 선택 영역의 가장자리를 부드럽게 하는 기능
③ Fade(페이드) : 적용한 효과의 강도를 조절 또는 제거하는 기능
④ Facet(파셋) : 특정 텍스처에서 사용되는 기능

03 포토샵 프로그램에 대한 설명으로 옳지 않은 것은?

① 사진 이미지 수정 및 변환이 자유롭다.
② 대표적인 2D 이미지 편집 프로그램이다.
③ 벡터 방식의 도형 생성 및 편집에 주로 사용된다.
④ 사진의 색상, 명암, 채도 등을 수정할 수 있다.

해설
포토샵은 주로 래스터 방식의 이미지 편집에 사용된다. 벡터 방식의 소프트웨어는 일러스트레이터이다.

04 포토샵 프로그램에서 이미지를 흐릿하고 부드럽게 하는 기능은?

① Stylize
② Sharpen
③ Blur
④ Texture

해설
① Stylize(스타일화) : 특정한 스타일을 적용하는 필터
② Sharpen(선명화) : 선명도를 높이는 필터
④ Texture(질감) : 질감 효과를 적용하는 필터

05 포토샵 프로그램에서 이미지의 명암 및 색상 등의 보정과 거리가 먼 메뉴는?

① 명도/대비(Brightness/Contrast)
② 레벨(Levels)
③ 핀치(Pinch)
④ 색상/채도(Hue/Saturation)

해설
핀치는 필터의 한 종류로, 이미지의 특정 부분을 압축하거나 왜곡시키는 데 사용된다.

기출유형 38 ▶ 2D 그래픽 입력 및 출력 이해

컴퓨터의 입력장치가 아닌 것은?
① 키보드
② 태블릿
③ 필름 레코드
④ 스캐너

| 정답 | ③

족집게 과외

❶ 컴퓨터

㉠ 그래픽 작업의 대표적인 하드웨어
  PC, 매킨토시

㉡ 용어

CPU	• 중앙처리장치(Central Processing Unit) • 컴퓨터의 중심에서 시스템 전반을 이끄는 장치 • 정보 기억과 처리 작업 수행
GUI	• Graphic User Interface • 그림 위주의 컴퓨터 운영 방식 • 명령어를 상징하는 그림에 마우스와 손으로 조작하는 방식
그래픽카드	컴퓨터에서 화면에 출력할 데이터를 처리하고, 모니터로 보내는 중요 요소
메모리	• 데이터의 기억장치 • 램(Ram) : 휘발성 메모리 • 롬(Rom) : 비휘발성 메모리
HDD	컴퓨터의 주 데이터 저장장치

❷ 입력장치

㉠ 개념
  컴퓨터 작업의 첫 단계로, 외부의 이미지나 문자 등의 데이터 자료를 컴퓨터가 처리할 수 있는 형태로 정보를 변환하여 내부의 메모리에 전달하는 장치

㉡ 종류
  키보드, 포인팅 장치(마우스, 조이스틱, 라이트펜, 터치패드, 터치스크린), 스캐너, 마이크, 웹캠, 디지타이징 태블릿 등

> **Tip**
> • 스캐너 : 종이 문서나 이미지를 디지털 데이터로 변환하는 장치
> • 디지타이징 태블릿 : 그림이나 디자인 작업을 할 때 펜을 사용하여 컴퓨터 화면에 직접 입력할 수 있는 장치

❸ 출력장치

㉠ 개념
  작업의 결과물은 모니터를 통해 확인하고, 프린터나 출력기 또는 파일로 저장하여 외부로 전달하는 장치

㉡ 종류
  모니터, 스피커, 헤드폰, 프린터, 플로터, 프로젝터, 필름 레코더 등

> **Tip**
> • 모니터 : 출력물을 확인하는 가장 1차적인 장치
> • 플로터 : 정밀한 그림이나 도면을 큰 종이에 출력하는 장치
> • 프로젝터 : 화면에 이미지를 크게 확대하여 비추는 장치

❹ 저장장치

㉠ 개념
  그래픽 이미지를 저장하기 위한 이동식 저장장치

㉡ 종류
  하드디스크 드라이브(HDD), CD-ROM, 광디스크 드라이브, ZIP 드라이브, 외장 하드디스크, SSD와 USB 메모리, Micro SD 카드 등

기출유형 완성하기

정답 01 ② 02 ④ 03 ② 04 ③ 05 ④

01 다음 컴퓨터그래픽 시스템 구성 중 출력장치는?

① 키보드
② 플로터
③ 스캐너
④ 디지타이저

해설
플로터는 높은 정밀도로 큰 사이즈의 그래픽을 인쇄하는 출력장치이며, 키보드, 스캐너, 디지타이저는 입력장치이다.

02 모니터 화면에 보이는 이미지나 영상을 크게 확대하여 보여주는 출력장치는?

① 터치스크린(Touch Screen)
② 프린터(Printer)
③ 필름 레코더(Film Recorder)
④ 프로젝터(Projector)

해설
① 사용자가 직접 입력할 수 있는 화면 장치
② 문서나 이미지를 종이에 출력하는 장치
③ 디지털 이미지를 필름으로 기록하는 출력장치

03 필압을 감지하여 붓이나 펜촉을 가지고 그린 것처럼 표현해 주는 입력장치는?

① 마우스
② 태블릿
③ 키보드
④ 트랙볼

해설
① 화면상의 객체를 선택하고 조작하는 장치
③ 문자 입력 및 다양한 명령을 컴퓨터에 전달하는 장치
④ 사용자가 볼을 직접 회전시켜 커서를 이동하는 장치

04 입력장치에 대한 설명으로 옳지 않은 것은?

① 컴퓨터 작업의 첫 단계이다.
② 컴퓨터 내부로 외부의 데이터를 전달한다.
③ 정보를 기억하고, 기억한 정보를 처리한다.
④ 키보드, 마우스, 스캐너 등이 입력장치에 해당한다.

해설
입력장치는 정보를 컴퓨터나 다른 시스템으로 전달하며, 정보의 기억과 처리 작업은 컴퓨터의 중앙 처리 장치(CPU), 메모리, 저장장치의 역할이다.

05 다음 중 컴퓨터 시스템의 기본 구성 장치가 아닌 것은?

① 입력장치
② 출력장치
③ 중앙처리장치
④ 스피커 장치

해설
스피커는 소리 출력을 담당하지만, 기본 구성 장치로 분류되지 않는다.

CHAPTER 03 타이포그래피

PART 6 2D 그래픽 제작

기출유형 39 ▶ 타이포그래피의 이론과 기본 지식

타이포그래피에 대한 설명 중 가장 올바른 것은?

① 활자를 통해 정보를 효과적으로 전달하는 것을 말한다.
② 타이포그래피의 글자디자인은 레터링에 비해 약하다.
③ 활판에 의한 인쇄술이다.
④ 활판에 의한 글자의 구성만을 의미한다.

| 정답 | ①

족집게 과외

❶ 타이포그래피(Typography)
㉠ 개념
- 활자를 시각적 형태로 표현하는 방법
- 서체를 재료로 하는 조형적 표현
- 예) TV, 영화, 포스터, 광고 등의 헤드라인 서체에 활용

㉡ 타이포그래피의 고려 사항
- 콘셉트와 가독성, 주목성, 차별성, 디자인의 조화를 고려하여 서체를 선택
- 서체의 종류는 제한적으로 사용
- 동일한 서체 내에서 다양한 스타일이 있는 것을 선택
- 자간, 행간, 장평, 들여쓰기 등을 적용하여 다른 디자인 요소와 조화
- 표준 서체를 사용하여 웹 접근성을 높임

❷ 타이포그래피의 적용 범위
㉠ 의미와 느낌을 전달하는 타이포그래피
㉡ 일러스트레이션을 대체하는 타이포그래피
㉢ 메인 비주얼(Main Visual)이 없는 인쇄 광고

❸ 가시성 · 가독성 · 가해성
㉠ 가시성(Visibility)
- '볼 수 있다는 것'을 전제로 함
- 가시성 또는 가시도
- 배경과 어울려 주의를 끄는 도형은 가시도가 높아야 함
- 대비(Contrast), 통일성, 의미 있는 형태, 낯익은 형태, 동작감 등은 가시도가 높음
- 가시도가 높더라도 불쾌감을 준다면 광고 효과는 감소됨

ⓒ 판독성(Legibility)과 가독성(Readability)
- 인쇄된 글자들이 시각적으로 잘 보이는 정도와 독자들의 이해 정도
- 일정한 단위 시간에 독자가 주어진 기사의 내용을 읽는 속도와 내용 이해도에 의한 측정
- 가독성은 문자나 문장을 읽을 수 있는 정도의 가해성을 포함
- 글자의 서체, 크기, 굵기, 문장 길이, 여백, 괘선, 인쇄잉크, 용지, 인쇄, 독자의 흥미 등에 영향

> **Tip**
> - 판독성(Legibility) : 글자 한 자 한 자에 대한 가독성
> - 가독성(Readability) : 문장(文章) 디자인적 측면에서의 가독성

ⓒ 가해성(Comprehensibility)
- 시각적 요소뿐만 아니라 내용이 얼마나 쉽게 이해될 수 있는지 포함됨
- 음성, 색, 빛을 가진 신호, 상징 등 가독성이 낮아도 가해성은 높은 경우가 있음
- 통신, 전달, 선전·광고 등에서 필요

기출유형 완성하기

정답 01 ① 02 ② 03 ③ 04 ④ 05 ②

01 다음 중 편집디자인 요소로서 가독성과 불가분의 관계를 갖는 것은?

① 타이포그래피(Typography)
② 포토그래피(Photography)
③ 컬러디자인(Colordesign)
④ 플래닝(Planning)

해설
타이포그래피는 텍스트의 가독성과 직결된 요소로, 편집디자인에서 불가분의 관계를 갖는다.

02 타이포그래피의 속성 중 글자를 얼마나 잘 인식하고 구별할 수 있는가를 의미하는 용어는?

① 가독성(Readability)
② 판독성(Legibility)
③ 무게감(Weight)
④ 스타일(Style)

해설
판독성은 개별 문자의 인식과 관련이 있고, 가독성은 전체 문서의 읽기 쉬움과 관련이 있다.

03 타이포그래피에 대한 설명으로 옳지 않은 것은?

① 전달하려는 메시지와 의미의 효과적 표현을 위한 수단이다.
② 활판 인쇄술에서 유래한 말로 커뮤니케이션을 위한 문자 조형의 총칭이다.
③ 포토그래피를 달리 표현하는 말이다.
④ 좁은 뜻에서는 이미 디자인된 활자를 가지고 디자인하는 것을 의미한다.

해설
포토그래피는 사진을 찍는 기술로, 타이포그래피와 다르다.

04 표시물이 전달 목적을 위해 형태, 색상, 문자 등을 판별하기 쉽게 하는 기능은?

① 시대성
② 기억성
③ 독창성
④ 가시성

해설
① 디자인 정보가 트렌드에 적합하도록 하는 기능
② 디자인 정보를 장시간 기억하도록 도와주는 기능
③ 디자인 정보의 차별성을 강조

05 타이포그래피의 고려 사항으로 옳지 않은 것은?

① 콘셉트를 고려하여 가독성 있는 서체를 선택한다.
② 서체의 종류를 다양하게 사용한다.
③ 동일한 서체 내에서 다양한 스타일이 있는 것을 선택한다.
④ 자간, 행간, 장평, 들여쓰기 등을 적용하여 디자인 요소와 조화를 이룬다.

해설
다양한 서체를 사용하면 디자인이 혼잡해지거나 일관성이 결여될 수 있으므로 서체의 종류는 제한적으로 사용해야 한다.

기출유형 40 ▶ 타이포그래피의 창의적인 사용 방법과 기술의 활용 능력

타입페이스(Typeface) 중 가장 단순하며 획의 굵기가 일정하여 깨끗해 보이는 것은?
① 세리프 ② 산세리프
③ 바스커빌 ④ 해서체

| 정답 | ②

족집게 과외

❶ 타이포그래피의 창의적인 사용 방법
㉠ 단순 명료하게 표현
- 조화로움, 안정감을 전달
- 세련된 느낌은 단순 배경색과 명료한 서체로 대조를 만듦

㉡ 다양한 시각적 활용
글자의 크기, 각도 조절, 반전, 자르기 등을 통해 시각적으로 다양하게 표현

㉢ 캘리그래피 혼용
자연스러움, 독창적, 감성을 전달

㉣ 글자 외 공간 활용
글자 외 빈 공간에 색상이나 패턴을 활용해 효과를 줌

㉤ 주목성과 상대성 부여
대비와 강조로 주목성과 다양성을 높임

㉥ 정서적인 고정관념 활용
정서적 고정관념을 활용하여 감정적 흥미를 유도

㉦ 반복을 통한 리듬감 표현
글꼴 반복이나 패턴을 통해 질감과 리듬감 형성

㉧ 요소에 우선순위 부여
서체의 크기와 색상 등으로 우선순위를 표현하고 가독성을 높임

㉨ 일러스트레이션 혼용
일러스트레이션을 혼용하여 메시지를 강조

㉩ 다양한 방법 실험
글자의 변형과 텍스처 등으로 개성을 표현

❷ 타이포그래피 기술의 활용 능력
㉠ 서체
- 글자의 형태
- 세리프(Serif) : 글자 획의 일부 끝이 돌출된 형태, 가독성 높음, 본문 및 문장에 사용
- 산세리프(Sans Serif) : 글자 획이 돌출되지 않은 형태, 주목성 높음, 제목에 사용

Tip
- 폰트(Font) : 동일형 서체 한 벌로 대문자, 소문자, 스몰 캐피털, 숫자, 기호 등을 포함
- 시리즈(Series) : 동일 서체 크기의 변화
- 패밀리(Family) : 동일 서체의 굵기(Light, Medium, Bold)와 폭을 변형한 서체

㉡ 무게
- 글자 획의 두께
- 서체의 두께에 따라 무게감이 달라짐
- 정보의 위계와 강조 등을 표현

㉢ 크기
- 서체가 배치되는 금속 활자판의 높이
- 서체에 따라 같은 크기라도 실제 글자의 크기가 달라짐
- 서체 크기는 공간에 따라 달라짐
- 정보 강조, 중요성, 위계의 표현

㉣ 스타일
- 하나의 서체를 다양한 형태로 변형
- 장체(Condensed) : 서체의 가로 폭은 좁게, 세로를 늘린 형태
- 평체(Extended) : 서체의 가로 폭은 넓게 세로를 줄인 형태
- 이탤릭체(Italic) : 기울기를 적용한 형태

㉤ 자간·행간
- 자간 : 글자와 글자 사이의 간격
- 행간 : 글자의 줄과 줄 사이 간격
- 가독성과 관련됨

기출유형 완성하기

정답 01 ① 02 ② 03 ② 04 ② 05 ③

01 다음 중 신문, 잡지, 교과서 등의 본문용 서체로 많이 사용되는 것은?

① 명조체
② 청조체
③ 송조체
④ 그래픽체

해설
① 명조체는 읽기 쉬워 신문, 잡지, 교과서 등 본문 서체로 사용된다.
②·③·④ 청조체, 송조체, 그래픽체는 제목이나 강조용으로 사용된다.

02 글자를 좌우로 압축하거나 확대하는 변형을 뜻하는 용어는 무엇인가?

① 세리프
② 장평
③ 커닝
④ 리딩

해설
① 글자의 끝부분에 장식적인 선이 있다.
③ 글자 간의 간격을 조절한다.
④ 줄 사이의 간격을 조절한다.

03 문자의 굵기, 장식적 변화, 폭, 높이 등을 바꾸어 다양화시킨 동일 계통의 서체 집합을 나타내는 용어는?

① 레터링(Lettering)
② 패밀리(Family)
③ 이니셜(Initial)
④ 타입페이스(Typeface)

해설
① 수작업으로 글자를 디자인하는 작업
③ 텍스트의 시작 부분에 사용되는 장식적인 대문자
④ 특정 스타일을 가진 서체

04 세리프가 있는 글자로 사용되는 매체 중 주로 본문용으로 많이 사용되고 있는 폰트는?

① 고딕체
② 명조체
③ 그래픽체
④ 궁서체

해설
명조체는 문자에 세리프가 있어 글자가 더 선명하고 가독성이 높아 본문용으로 사용된다.

05 타이포그래피의 창의적인 활용 방법으로 옳지 않은 것은?

① 단순 명료하게 표현한다.
② 글자의 변형을 통해 시각적으로 다양하게 표현한다.
③ 이미지와 혼용하지 않고 글자만 사용한다.
④ 이미지와 혼용하여 메시지를 강조한다.

해설
타이포그래피는 글자와 이미지를 함께 사용하면 메시지를 더 효과적으로 전달할 수 있다.

PART 7
적중예상 모의고사

CHAPTER 01 적중예상 모의고사 1회

CHAPTER 02 적중예상 모의고사 2회

CHAPTER 03 적중예상 모의고사 3회

- 실제 필기시험에서는 과목이 구분되어 있지 않습니다.
- 1시간 안에 총 60문제를 풀게 되며 시험장에서 개별 컴퓨터로 시험을 봅니다.
  60점 이상이면 합격이며, 문제를 다 풀고 [제출하기] 버튼을 클릭하면 합격 여부를 바로 알 수 있습니다.

CHAPTER 01 적중예상 모의고사 1회

01 창의적 아이디어를 발상하는 데 중요한 요소는?
① 계획적인 사고
② 유연한 사고
③ 논리적 사고
④ 절차적 사고

해설
유연한 사고는 다양한 관점에서 문제를 바라보고, 다양한 해결책을 찾는 창의적 발상의 중요 요소이다.

02 창의적인 발상 방법 중 SCAMPER 기법에서 'E'가 의미하는 것은?
① Expand(확장하다)
② Eliminate(제거하다)
③ Evaluate(평가하다)
④ Enhance(향상시키다)

해설
스캠퍼(SCAMPER) 기법에서 'E'는 'Eliminate'를 의미하며, 제거를 통해 아이디어를 발전시키는 방법이다.

03 자료 수집 방법 중 실제 사용자나 이해관계자와의 대화를 통해 정보를 얻는 방법은?
① 문헌 조사
② 설문 조사
③ 인터뷰
④ 관찰

해설
인터뷰는 실제 사용자나 이해관계자와의 대화를 통해 심층적인 정보를 얻는 방법이다.

04 디자인 개발 과정 중 디자인 해결안 모색단계에서 주로 이루어지는 작업은?
① 시장조사
② 렌더링
③ 아이디어 스케치
④ 디자인 목업

해설
디자인 해결안 모색 단계에서는 다양한 아이디어를 빠르게 시각화하고 수정할 수 있는 아이디어 스케치 작업이 주로 이루어진다.

05 아이디어를 발전시키기 위해 포착된 이미지를 비교·검토하기 위한 스케치의 종류는?
① 스타일 스케치
② 러프 스케치
③ 스크래치 스케치
④ 섬네일 스케치

해설
러프 스케치는 포착된 이미지를 비교·검토하여 아이디어를 발전시키는 방법으로, 빠르고 간단한 형태로 아이디어를 시각화하는 데 적합하다.

06 입체 형태로 스케치할 때 가장 중요한 요소는?
① 평면적인 디자인 요소 강조
② 명암과 빛을 이용한 입체감 표현
③ 단순한 선을 사용한 간결한 표현
④ 색상을 사용한 분위기 연출

해설
입체 형태 스케치는 명암과 빛을 활용해 물체의 깊이와 입체감을 표현한다.

정답 01 ② 02 ② 03 ③ 04 ③ 05 ② 06 ②

07 시각적 학습을 위한 이미지 구상에서 가장 중요한 요소는?

① 이미지의 색상 조합
② 복잡한 디테일과 정확한 묘사
③ 핵심 개념을 명확하게 전달하는 시각적 구성
④ 이미지의 크기와 해상도

> **해설**
> 시각적 학습을 위한 이미지 구상에서는 학습자들이 정보를 쉽게 이해할 수 있도록 핵심 개념을 명확히 전달하는 것이 중요하다.

08 다음 중 반복, 점이, 방사 등에 의해 동적인 활기를 느낄 수 있는 디자인 원리는?

① 조화
② 리듬
③ 비례
④ 균형

> **해설**
> 리듬은 반복, 점이, 방사 등을 통해 동적인 활기를 느끼게 하는 디자인 원리로 시각적 흐름을 형성하여 생동감을 준다.

09 디자인의 조형 원리인 균형과 관련이 없는 것은?

① 비대칭
② 반복
③ 주도와 종속
④ 비례

> **해설**
> 균형은 주로 비대칭, 주도와 종속, 비례와 관련이 있으며, 반복은 리듬의 조형 원리와 관계가 있다.

10 다음 중 이념적 형태에 해당하는 것은?

① 자연형태
② 인위형태
③ 구상적 형태
④ 순수형태

> **해설**
> 이념적 형태는 본질적이고 개념적인 특성을 강조하며, 순수형태가 그 대표적인 예다.

11 다음 그림에서 'ㄱ'의 끊어진 부분이 'ㄴ'처럼 완전한 형으로 인식되는 것은 게슈탈트 법칙 중 어느 것에 해당하는가?

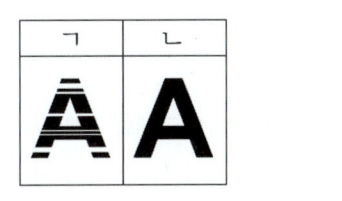

① 단순성의 법칙
② 연속성의 법칙
③ 유사성의 법칙
④ 폐쇄성의 법칙

> **해설**
> 폐쇄성의 법칙은 시각적으로 불완전한 형태가 완전한 형태로 인식되는 원리이다.

12 면을 포지티브(Positive)한 면과 네거티브(Negative)한 면으로 구분할 때, 다음 중 포지티브한 면이 성립되는 것은?

① 점의 확대
② 선의 집합
③ 선으로 둘러싸인 것
④ 점의 밀집

> **해설**
> 포지티브 면은 특정 형태를 가진 요소로, 점의 확대는 면적을 형성해 포지티브 면이 된다.

정답 07 ③ 08 ② 09 ② 10 ④ 11 ④ 12 ①

13 입체기하학에서 다루는 기본 형태는?

① 원기둥, 다면체, 구
② 동그라미, 삼각형
③ 선, 점, 색상
④ 점의 확대

> 해설
> 입체기하학은 3차원 공간에 있는 도형으로 원기둥, 다면체, 구와 같은 기본 입체 형태를 포함한다.

14 아이데이션 구체화 단계에서 피해야 할 것은?

① 여러 아이디어를 비교 분석하는 것
② 명확한 계획 없이 다양한 시도를 하는 것
③ 피드백을 받아 아이디어를 수정하는 것
④ 실행 가능한 방법을 찾는 것

> 해설
> 아이데이션 구체화 단계에서는 계획과 방향을 설정하고, 구체적인 실행 방안을 마련하는 것이 중요하다.

15 시안 제작을 위한 아이데이션에서 가장 중요한 첫 단계는?

① 다양한 도구 사용하기
② 아이디어의 주제와 목적 정의하기
③ 완벽한 디자인 구상하기
④ 시안을 즉시 제작하기

> 해설
> 시안 제작 아이데이션에서는 주제와 목적을 명확히 정의하여 방향성을 설정하는 것이 중요하다.

16 문자 상으로는 개념, 생각하는 방법이라는 의미이며, 디자인 행위의 초기 단계로서 대상의 테마와 개념의 구성을 말하는 것은?

① 모델링
② 분석
③ 콘셉트
④ 프레젠테이션

> 해설
> 콘셉트는 문자적으로 개념이나 생각하는 방법을 의미하며, 디자인 행위의 초기 단계에서 대상의 테마와 개념을 구성하는 것을 나타낸다.

17 다음 중 유니버설 디자인의 원칙이 아닌 것은?

① 공정한 사용성
② 효과적 정보전달
③ 최대한의 물리적 노력
④ 직관적 사용성

> 해설
> 유니버설 디자인은 모든 사용자가 접근하고 이용할 수 있도록 하며, 최대한의 물리적 노력을 요구하는 것은 유니버설 디자인의 원칙이 아니다.

18 다음 중 좁은 의미로는 핸드 드로잉에 의한 그림을 뜻하지만, 넓은 의미로는 회화 및 사진을 비롯하여 도표, 도형, 문자 이외의 시각화된 것을 가리키는 것은?

① 타이포그래피
② 레터링
③ 일러스트레이션
④ 에디토리얼 디자인

> 해설
> 일러스트레이션은 좁은 의미로 핸드 드로잉 그림을, 넓은 의미로 회화, 사진, 도표 등 다양한 시각적 요소를 뜻한다.

정답 13 ① 14 ② 15 ② 16 ③ 17 ③ 18 ③

19 다음 중 정보그래픽의 구성 요소가 아닌 것은?

① 이미지
② 차트
③ 텍스트
④ 음악

> **해설**
> 정보그래픽은 이미지, 차트, 텍스트 등 시각적 요소로 구성되며, 음악은 포함되지 않는다.

20 Adobe Photoshop의 주된 용도는?

① 텍스트 문서 작성
② 사진 편집 및 보정
③ 데이터 분석
④ 음악 제작

> **해설**
> Adobe Photoshop은 주로 사진 편집 및 보정에 사용된다.

21 다음 중 비주얼 모티프의 예로 적합한 것은?

① 특정한 색상이나 패턴의 반복 사용
② 일반적인 문서 양식
③ 임의로 선택된 글꼴
④ 텍스트 중심의 문서

> **해설**
> 비주얼 모티프는 특정한 색상이나 패턴을 반복적으로 사용하여 디자인의 일관성과 통일성을 강화하는 요소로 적합하다.

22 신문광고의 특성이 아닌 것은?

① 즉각적으로 광고할 수 있고 적시성을 갖는다.
② 신뢰성과 설득력이 있다.
③ 자세한 정보를 실을 수 있어 전문성이 있다.
④ 지면의 선정과 광고 효과는 무관하다.

> **해설**
> 신문광고에서 지면의 선정은 광고 효과에 큰 영향을 미치므로, 지면 선정과 광고 효과는 관련이 있다.

23 문자 위주로 표현된 편집 디자인이 아닌 것은?

① 학술지
② 문학지
③ 그래픽 잡지
④ 단행본

> **해설**
> 그래픽 잡지는 시각적 요소와 디자인이 강조된 매체로, 문자 위주로 표현된 편집 디자인이 아니다.

24 다음 중 포장디자인의 기능과 가장 거리가 먼 것은?

① 보호성
② 편리성
③ 상품성
④ 교환성

> **해설**
> 포장 디자인의 주요 기능은 보호성, 편리성, 상품성 등이며, 교환성은 포장 디자인의 기능과 거리가 있다.

정답 19 ④ 20 ② 21 ① 22 ④ 23 ③ 24 ④

25 레이아웃 설정에서 '위계 구조'를 설정하는 주된 목적은?

① 디자인을 시각적으로 무질서하게 만들기 위해
② 사용자가 가장 중요한 정보를 쉽게 인식할 수 있도록 배치하기 위해
③ 모든 요소가 같은 크기와 중요도로 배치하기 위해
④ 요소들이 서로 독립적으로 보이게 하기 위해

해설
레이아웃의 위계 구조는 중요한 정보를 쉽게 인식할 수 있도록 요소를 배치하는 방식이다.

26 불규칙 레이아웃의 특징은?

① 모든 요소가 정해진 규칙을 따른다.
② 요소들이 무작위로 배치되어 자유로운 느낌을 준다.
③ 대칭성을 강조한다.
④ 색상과 패턴이 제한적이다.

해설
불규칙 레이아웃은 요소들이 무작위로 배치되어 자유롭고 창의적인 느낌을 준다.

27 아트워크의 주된 목적은?

① 정보를 복잡하게 전달하기 위해
② 감정이나 메시지를 시각적으로 전달하기 위해
③ 텍스트의 양을 늘리기 위해
④ 데이터 분석을 위한 차트 제작

해설
아트워크는 감정이나 메시지를 시각적으로 전달하기 위해 사용된다.

28 다음 중 타이포그래피의 요소가 아닌 것은?

① 원고의 내용
② 활자의 종류
③ 활자의 크기
④ 행, 단락, 그리드

해설
타이포그래피는 내용의 시각적 표현 방식에 중점을 둔다. 원고의 내용은 타이포그래피의 요소가 아니다.

29 컬러 아트워크의 의미는?

① 텍스트 기반의 디자인 요소
② 다양한 색상을 활용한 시각적 예술 작품
③ 오직 흑백으로만 구성된 디자인
④ 데이터 시각화에 초점을 맞춘 그래픽

해설
컬러 아트워크는 다양한 색상을 활용한 시각적 예술 작품이다.

30 다음 중 정보그래픽의 예시로 적합하지 않은 것은?

① 통계 데이터를 나타내는 차트
② 복잡한 텍스트 문서
③ 과정이나 흐름을 나타내는 다이어그램
④ 지역 정보를 나타내는 지도

해설
정보그래픽은 시각적으로 정보를 전달하는 것으로, 복잡한 텍스트 문서는 적합하지 않다.

31 다음 중 브랜드 아이덴티티 디자인(BI)의 고려 요소 중 가장 거리가 먼 것은?

① 브랜드의 성격을 모두 다 보여주어야 한다.
② 신뢰감을 주어야 한다.
③ 판매를 촉진시켜야 한다.
④ 좋은 이미지를 창출하여야 한다.

해설
브랜드 아이덴티티 디자인(BI)은 브랜드의 핵심 가치와 특징을 전달하는 데 중점을 두며, 모든 성격을 보여줄 필요는 없다.

32 플렉서블 아이덴티티의 적용이 중요한 이유는?

① 브랜드의 일관성을 높이기 위해
② 변화하는 소비자 트렌드에 적응하기 위해
③ 과거의 디자인을 고수하기 위해
④ 색상과 형태를 고정하기 위해

해설
플렉서블 아이덴티티는 변화하는 소비자 트렌드에 적응할 수 있도록 유연성을 제공한다.

33 그래픽 심벌에 대한 개념으로 옳지 않은 것은?

① 시각 심벌이라고 부른다.
② 새로운 의사 전달 내용을 정확하고 빠르게 할 수 있는 수단이라고 볼 수 있다.
③ 시각전달의 기능을 목적으로 하고 있다.
④ 시멘토그래피(Semanto Graphy)는 그래픽 심벌의 범위에 속하지만, 사인(Sign), 아이소타입(Isotype)은 속하지 않는다.

해설
시멘토그래피, 사인, 아이소타입 모두 그래픽 심벌의 범위에 속하며, 각각은 시각적 의사소통을 위한 중요한 요소이다.

34 로고 시그니처의 의미로 알맞은 것은?

① 브랜드의 이름을 포함한 그래픽 디자인 요소
② 브랜드의 슬로건을 강조하는 텍스트
③ 브랜드의 색상 팔레트
④ 브랜드의 전체 비주얼 아이덴티티

해설
로고 시그니처는 브랜드의 이름을 포함한 그래픽 디자인이며, 브랜드를 시각적으로 대표하는 중요한 요소이다.

35 아이콘 디자인에서 '플랫 디자인'의 특징은?

① 깊이와 그림자를 강조한다.
② 단순한 형태와 색상을 사용한다.
③ 복잡한 요소를 포함한다.
④ 애니메이션 효과를 추가한다.

해설
플랫 디자인은 단순한 형태 및 색상을 사용하는 것이 특징이며, 깊이와 그림자를 배제한 디자인 접근법이다.

36 색의 삼속성 중 색의 순수한 정도, 색채의 포화상태, 색채의 강약을 나타내는 성질은?

① 색상
② 명도
③ 채도
④ 명암

해설
채도는 색의 순수한 정도, 색채의 포화상태, 색채의 강약을 나타낸다.

정답 31 ① 32 ② 33 ④ 34 ① 35 ② 36 ③

37 다음 중 색채 표준을 정의하는 요소가 아닌 것은?

① 색상의 명도
② 색상의 채도
③ 색상의 사용 맥락
④ 색상의 복잡성

> **해설**
> 색채 표준은 색상의 명도, 채도, 사용 맥락 등으로 정의되며, 색상의 복잡성은 주요 요소가 아니다.

38 가산혼합에 대한 설명 중 옳은 것은?

① Cyan, Magenta, Red를 기본 3색으로 한다.
② 색을 혼합할수록 명도가 높아진다.
③ 3원색을 혼합하면 검정에 가까운 갈색이 된다.
④ 일반적으로 색료 혼합이라도 부른다.

> **해설**
> 가산혼합은 빛의 혼합을 의미하며, 색을 혼합할수록 명도가 높아진다. Red, Green, Blue를 기본 3색으로 하고, 이들을 모두 혼합하면 흰색이 된다.

39 중간혼합과 거리가 먼 것은?

① 병치기법
② 감법혼색
③ 점묘화
④ 회전혼합

> **해설**
> 감법혼색은 색료혼합에 관련된 것으로 중간혼합과는 거리가 있다.

40 가장 가까운 색상끼리의 배색은 보는 사람에게 친근감을 주며 조화를 느끼게 한다. 이와 관련된 색상 배색은?

① 동일 색상 배색
② 대조 색상 배색
③ 유사 색상 배색
④ 보색 색상 배색

> **해설**
> 유사 색상 배색은 가장 가까운 색채끼리의 배색을 통해 친근감과 조화를 느끼게 하는 색채조화의 원리이다.

41 배색에 있어서 색들과의 공통된 상태와 색감이 내포되어 있을 때 그 색채군을 조화한다는 저드(D. B. Judd)의 색채조화 원리는?

① 명료성의 원리
② 유사성의 원리
③ 친근성의 원리
④ 대비의 원리

> **해설**
> 유사성의 원리는 배색에서 색들이 공통적인 속성을 가질 때 조화롭게 느껴지는 원리로, 저드의 색채조화 이론에서 강조된 개념이다.

42 다음 중 유채색이 가지고 있는 성질은?

① 색상만 가지고 있다.
② 채도와 명도만 가지고 있다.
③ 채도와 투명도만을 가지고 있다.
④ 색상, 명도, 채도를 가지고 있다.

> **해설**
> 유채색은 색상, 명도, 채도의 세 가지 속성을 모두 가지고 있으며, 색의 밝기, 순도, 색깔을 나타낼 수 있다.

정답 37 ④ 38 ② 39 ② 40 ③ 41 ② 42 ④

43 색채조절의 효과와 거리가 먼 것은?

① 일의 능률을 올린다.
② 기계의 성능을 향상시킨다.
③ 안전을 위함이다.
④ 피로를 덜어준다.

> **해설**
> 색채조절은 작업 환경에서의 능률 향상, 안전성 확보, 피로 감소에 기여하지만, 기계 자체의 성능을 향상시키는 직접적인 효과와는 관련이 없다.

44 미국의 색채학자 저드(D. B. Judd)가 주장하는 색채조화의 네 가지 원칙이 아닌 것은?

① 방향성의 원리
② 질서의 원리
③ 친근성의 원리
④ 명료성의 원리

> **해설**
> 저드(D. B. Judd)는 색채조화의 네 가지 원칙으로 질서의 원리, 친근성의 원리, 명료성의 원리, 유사성의 원리를 제시했다.

45 어두운색 속의 작은 면적의 색은 상대적으로 더욱 밝게 보이고, 밝은색 속의 작은 면적의 색은 더욱 어둡게 보이는 대비 현상은?

① 색상대비
② 명도대비
③ 채도대비
④ 보색대비

> **해설**
> 명도대비는 색의 밝고 어두운 정도에 따른 대비로, 색의 인식에 있어 주변 색의 영향력을 강조한다.

46 색상이란 무엇인가?

① 물체의 표면이 반사하는 빛의 파장
② 물체의 질감과 형태
③ 물체의 크기와 비율
④ 물체의 위치와 공간

> **해설**
> 색상은 물체의 표면이 반사하는 빛의 파장을 통해 인식되는 시각적 특성이다.

47 먼셀 표색계와 같이 색 표 같은 것은 미리 정하여 놓고 물체의 색채와 비교하여 물체의 색을 표시하는 표색계는?

① 혼색계
② 관용색명
③ 고유색명
④ 현색계

> **해설**
> 현색계는 미리 정해진 색 표와 비교하여 물체의 색채를 표시하는 방법으로, 먼셀 표색계와 같은 방식으로 사용된다.

48 오스트발트 색채조화론의 조화 종류가 아닌 것은?

① 무채색의 조화
② 등백계열의 조화
③ 등순색계열의 조화
④ 동일조화

> **해설**
> 오스트발트의 색채조화론에는 무채색의 조화, 등백계열의 조화, 등순색계열의 조화, 등흑색계열의 조화 등이 있다.

정답 43 ② 44 ① 45 ② 46 ① 47 ④ 48 ④

49 먼셀 색채조화의 원리에 있어서 균형의 중심점은?

① N5
② N7
③ N10
④ N0

> **해설**
> 먼셀 색채조화의 원리에서 균형의 중심점은 N5(중간 회색)를 기준으로, 색의 밝기와 어둡기의 중간 지점을 나타낸다.

50 한국산업표준(KS) 물체색의 색이름에 대한 설명으로 옳지 않은 것은?

① 먼셀의 10색상환에 근거하여 기본색이름을 정하였다.
② 색이름을 크게 계통색이름과 관용색이름으로 구별한다.
③ 기본색이름 앞에 붙는 색이름 수식형은 빨간, 흰 등과 같은 형용사만 사용된다.
④ 관용색명은 일상적으로 자주 사용되고 많은 사람이 색을 연상할 수 있는 색명이다.

> **해설**
> 기본색이름 앞에 붙는 색이름 수식형에는 형용사뿐만 아니라 다른 표현도 포함되며, 다양한 형태로 사용된다.

51 '파랑 느낌의 녹색'과 같이 기본색명에 색상, 명도, 채도를 나타내는 수식어를 붙인 색명은?

① 관용색명
② 고유색명
③ 일반색명
④ 기본색명

> **해설**
> '파랑 느낌의 녹색'은 색상, 명도, 채도를 수식한 일반색명이다. 사람들이 쉽게 이해할 수 있도록 구체적인 색상을 설명하는 데 사용된다.

52 I.R.I 이미지 스케일에서 세로축은 무엇을 나타내는가?

① 동적에서 정적까지의 변화
② 부드러움에서 딱딱함까지의 변화
③ 명도와 채도의 차이
④ 색상 간의 대비

> **해설**
> I.R.I 이미지 스케일에서 세로축은 부드러움에서 딱딱함까지의 변화를, 가로축은 동적에서 정적까지의 변화를 의미한다.

53 다음 컴퓨터그래픽스의 개념에 대한 설명 중 부적합한 것은?

① 컴퓨터는 시간과 비용을 절감해 주는 도구로 사용된다.
② 컴퓨터그래픽은 사진이나 손으로는 불가능한 합성 및 변형이 가능하다.
③ 화상처리에 있어서 주변의 배경을 마음대로 조작할 수 있다.
④ 컴퓨터를 이용해 아이디어를 창출할 수 있는 것이 가장 좋다.

> **해설**
> 컴퓨터그래픽스의 개념은 주로 이미지 처리 및 합성과 변형에 초점을 맞추며, 아이디어를 창출할 수 있는 것은 아니다.

54 타이포그래피의 목적은?

① 글자의 색상 조절
② 정보의 시각적 전달과 가독성 향상
③ 이미지의 대비 조정
④ 도형과 패턴의 조화

> **해설**
> 타이포그래피의 주요 목적은 정보를 시각적으로 전달하고, 가독성을 높이는 것이다.

정답 49 ① 50 ③ 51 ③ 52 ② 53 ④ 54 ②

55 디지털 해상도에 대한 설명 중 적합하지 않은 것은?

① 한 이미지의 해상도는 측정 단위 당 픽셀의 수를 의미한다.
② 비트 해상도는 각 픽셀에 저장되는 색 정보의 양과 관련이 있다.
③ 고해상도로 스캔하면 데이터 크기도 커진다.
④ 모니터 해상도는 보통 72dpi이며, 고해상도 이미지인 경우 모니터 해상도를 수시로 변경한다.

해설
고해상도 이미지는 일반적으로 300dpi 이상이며, 모니터 해상도를 수시로 변경하는 것은 필요하지 않다.

56 색상의 정보는 포함되지 않으며 오직 명도 값만 있는 색상 모드는?

① RGB
② CMYK
③ 그레이스케일
④ HSB

해설
그레이스케일은 색상 정보 없이 명도 값만 사용하며, 각 픽셀은 0에서 255까지의 범위로 표현된다.

57 레이어 합성을 위한 블렌드(Blend) 모드 중 Multiply에 대한 설명으로 옳은 것은?

① 겹쳐 표시된 두 이미지 중 밝은 부분을 더 부각시키고 어두운 부분을 감소시켜 전체적으로 밝게 합성
② 위에 겹친 레이어의 50% 회색을 기준으로 밝은 부분은 더욱 밝게, 어두운 부분은 더욱 어둡게 합성
③ 위에 겹친 레이어의 어두운 부분은 아래쪽 겹친 레이어를 반전시켜 보색으로 표현
④ 현재 레이어와 아래에 겹친 레이어 이미지의 색상을 곱하여 표시하는 것으로 어두운색은 더욱 어두워짐

해설
Multiply 블렌드 모드는 현재 레이어와 아래 레이어의 색상을 곱하여 합성하는 방식으로, 어두운색은 더욱 어두워진다.

58 다음 중 화상 이미지를 표현하는 출력장치로서 그래픽카드의 신호를 받아들여 시각적 형태의 영상물로 나타내 주는 것은?

① 모니터
② 프린터
③ 플로터
④ 스캐너

해설
모니터는 화면에 이미지나 정보를 표시하여 사용자가 볼 수 있도록 한다. 반면, 프린터와 플로터는 종이에 인쇄하는 장치, 스캐너는 물리적인 이미지를 디지털 데이터로 변환하는 입력 장치이다.

59 행간을 적절하게 조정했을 때의 효과는?

① 글자의 크기를 줄인다.
② 텍스트의 시각적 균형을 잡는다.
③ 글자의 색상을 강조한다.
④ 텍스트를 대문자로 변환한다.

해설
행간을 적절하게 조정하면 텍스트의 시각적 균형이 잡히고 가독성이 향상된다.

60 다음 중 문자와 텍스트의 디자인 및 배열을 다루는 예술은?

① 회화
② 조각
③ 타이포그래피
④ 사진

해설
타이포그래피는 글자의 형태, 크기, 배열을 통해 의사소통을 시각적으로 표현한다.

정답 55 ④ 56 ③ 57 ④ 58 ① 59 ② 60 ③

적중예상 모의고사 2회

01 창의적 아이디어 발상에서 다양한 관점에서 많은 아이디어를 빠르게 생성하는 방법은?

① 수렴기법
② 통합기법
③ 확산기법
④ 정보수집

해설
확산기법은 여러 관점에서 다양한 아이디어를 빠르게 생성하는 방법으로 브레인스토밍, 마인드맵 등이 있다.

02 어피니티 다이어그램에서 데이터를 그룹화할 때, 각 항목을 그룹화하는 기준은?

① 항목의 논리적 순서
② 항목 간의 유사성이나 연관성
③ 항목의 시간 순서
④ 항목의 우선순위

해설
어피니티 다이어그램은 항목 간의 유사성이나 연관성을 기준으로 데이터를 그룹화하는 기법이다.

03 디자인 아이디어 창출 기법 중 집단사고에 의한 자유분방한 아이디어를 얻기 위하여 서로 비평을 금하고, 상대방의 아이디어에 상승 작용을 할 수 있게 하는 기법은?

① 문제분석법
② 체크리스트법
③ 특성열거법
④ 브레인스토밍법

해설
브레인스토밍법은 비평 없이 자유롭게 아이디어를 생성하는 기법으로, 참여자들이 서로의 아이디어를 발전시키도록 돕는다.

04 아이디어 전개를 위한 자료 수집에서 문헌 조사의 주요 장점은 무엇인가?

① 시간과 비용이 많이 들지 않는다.
② 모든 문제를 즉시 해결할 수 있다.
③ 최신 자료를 얻는 데 유리하다.
④ 자료의 양이 항상 일정하다.

해설
문헌 조사는 기존 자료를 활용하므로 시간과 비용 면에서 효율적이다.

05 디자인 리서치(Design Research)란?

① 디자인 제조원가
② 디자인 조사연구
③ 디자인 특허권
④ 디자인 평가

해설
디자인 리서치(Design Research)는 사용자의 필요와 시장의 요구를 이해하기 위한 조사 및 연구 과정이다.

06 다음의 디자인 전개과정 중 가장 기초적인 단계는?

① 생산 감리
② 생산도면 제작
③ 정밀 렌더링
④ 아이디어 스케치

해설
아이디어 스케치는 디자인 전개 과정에서 가장 기초적인 단계로, 초기 아이디어를 시각적으로 표현하고 구체화한다.

정답 01 ③ 02 ② 03 ④ 04 ① 05 ② 06 ④

07 섬네일 스케치(Thumbnail Sketch)가 필요한 이유로 옳지 않은 것은?

① 초기 아이디어를 빠르게 테스트하기 위해
② 다양한 디자인 구성을 비교하기 위해
③ 최종 디테일을 완성하기 위해
④ 전체적인 레이아웃과 구성을 검토하기 위해

> **해설**
> 섬네일 스케치는 아이디어 구상과 빠른 테스트에 중점을 두며, 최종 디테일은 후속 작업에서 다루어진다.

08 스케치에서 단순화 작업을 할 때 가장 중요한 요소는 무엇인가?

① 불필요한 세부 요소를 생략하는 것
② 색상과 음영을 풍부하게 표현하는 것
③ 복잡한 패턴을 최대한 많이 포함하는 것
④ 완성된 형태를 구체적으로 표현하는 것

> **해설**
> 단순화 작업은 디자인의 핵심만 남기고 불필요한 디테일을 생략하여 간결하게 표현하는 것이 중요하며, 아이디어의 본질을 명확히 전달할 수 있다.

09 시각적 학습 자료에서 이미지 구상을 할 때 고려해야 할 점은?

① 단순한 그래픽과 명확한 시각적 구조
② 현실감 있는 세부 묘사
③ 다양한 색상과 복잡한 패턴 사용
④ 추상적인 표현을 통한 상상력 자극

> **해설**
> 시각적 학습에서는 단순하고 명확한 그래픽이 정보를 쉽게 이해하고 기억하는 데 도움을 주며, 복잡한 표현은 학습에 방해가 될 수 있다.

10 비주얼 리터러시(Visual Literacy)는 무엇인가?

① 시각 자료를 감상하고 그 가치를 평가하는 능력
② 텍스트 정보를 읽고 해석하는 능력
③ 시각적인 이미지를 이해하고 의미를 분석하는 능력
④ 디지털 이미지와 사진을 편집하는 능력

> **해설**
> 비주얼 리터러시는 시각적 이미지를 분석하고 이해하는 능력으로, 시각 자료의 상징과 메시지를 해석한다.

11 안정감과 명쾌한 감정을 느끼게 하는 디자인 원리는?

① 조화
② 균형
③ 율동
④ 통일

> **해설**
> 균형은 디자인에서 안정감과 명쾌한 감정을 주며, 요소들이 시각적으로 균형을 이루어 안정된 느낌을 전달한다.

12 그림이 나타내는 주된 디자인의 원리는?

① 조화
② 강조
③ 균형
④ 율동

> **해설**
> 율동은 점이 점점 작아지는 형태로 시각적인 리듬과 움직임을 표현하며, 동적인 느낌을 전달한다.

13 다음 중 시각이나 촉각으로 인식할 수 없으나 기하학적으로 취급되는 도형의 형태는?

① 인위 형태
② 현실적 형태
③ 자연 형태
④ 이념적 형태

> 해설
> 이념적 형태는 기하학적 원리에 따라 형상화된 도형으로, 주로 개념적이고 추상적인 의미를 지닌다.

14 다음 중 게슈탈트의 시지각 원리가 아닌 것은?

① 유사성
② 근접성
③ 개폐성
④ 연속성

> 해설
> 게슈탈트의 시지각 원리는 유사성, 근접성, 연속성, 폐쇄성의 원리로 구성되어 있다.

15 선이 이동한 궤적에 의해 생기는 것은?

① 색채
② 선
③ 면
④ 입체

> 해설
> 선이 이동한 궤적에 의해 면이 형성되며, 두 차원 공간에서 선의 연속적인 이동으로 생성되는 디자인의 기본 요소이다.

16 디자인의 요소에 대한 설명 중 옳지 않은 것은?

① 점 : 크기는 있고 위치는 없는 것
② 선 : 점이 이동한 것
③ 면 : 선이 이동한 것
④ 입체 : 면이 이동한 것

> 해설
> 점은 크기가 없고 위치만을 나타내는 기본 요소이다.

17 스케치를 사용한 아이데이션 방법 중 가장 효과적인 것은?

① 아이디어를 시각적으로 조합하여 새로운 형태를 찾는 것
② 여러 명이 동시에 한 아이디어에 대해 스케치하는 것
③ 한 가지 아이디어에만 집중하여 스케치하는 것
④ 최종 디자인을 바로 그리는 것

> 해설
> 아이디어를 시각적으로 조합하여 새로운 형태를 찾는 것은 스케치를 통해 창의적인 아이디어를 도출하는 데 효과적이다.

18 키워드 중심 아이데이션의 장점은?

① 모든 아이디어를 즉시 실행할 수 있다.
② 구조적이고 체계적인 아이디어 발전이 가능하다.
③ 키워드에 대해 깊이 생각할 필요가 없다.
④ 디자인의 복잡함을 늘릴 수 있다.

> 해설
> 키워드 중심 아이데이션은 구조적이고 체계적으로 아이디어를 발전시키며, 키워드를 활용해 명확한 방향을 설정할 수 있다.

정답 13 ④ 14 ③ 15 ③ 16 ① 17 ① 18 ②

19 문자 상으로는 개념, 생각하는 방법이라는 의미이며, 디자인 행위의 초기 단계로서 대상의 테마와 개념의 구성을 말하는 것은?

① 모델링(Modeling)
② 분석(Analysis)
③ 콘셉트(Concept)
④ 프레젠테이션(Presentation)

해설
콘셉트(Concept)는 디자인 과정의 초기 단계로, 특정 대상의 주제와 개념을 형성하는 것을 의미하며, 이는 문자로서 개념이나 사고방식을 나타낸다.

20 기하학적 추상 일러스트레이션의 설명 중 옳은 것은?

① 대상을 질서에 의하여 사실적으로 표현하는 것이다.
② 직선, 삼각형, 사각형, 원 등의 형태를 이용하는 것이다.
③ 비구상적, 부정형적인 것을 말한다.
④ 자연계에서 찾아볼 수 있는 형태를 이용한 것이다.

해설
기하학적 추상 일러스트레이션은 직선, 삼각형, 사각형, 원 등 기본 기하학적 형태를 사용하여 추상적인 이미지를 생성하는 기법이다.

21 아이콘의 주요 목적은?

① 복잡한 정보를 텍스트로 표현하기
② 사용자의 관심을 끌기 위해 화려하게 디자인하기
③ 특정 개념이나 기능을 시각적으로 전달하기
④ 모든 정보를 상세히 설명하기

해설
아이콘의 목적은 특정 개념이나 기능을 간단하고 직관적으로 시각적으로 전달하는 것이다.

22 시안 제작을 위한 그래픽 소프트웨어가 아닌 것은?

① 일러스트레이터
② 인디자인
③ 포토샵
④ 엑셀

해설
엑셀은 주로 스프레드시트 작성과 데이터 분석에 사용되는 소프트웨어로, 시안 제작에는 적합하지 않다. 반면, 일러스트레이터, 인디자인, 포토샵은 모두 시안 제작에 적합한 그래픽 소프트웨어이다.

23 시안은 일반적으로 어떤 단계에서 사용되는가?

① 최종 결과물 제작 후
② 아이디어 개발 단계
③ 프로젝트 예산 수립 후
④ 클라이언트 피드백 후

해설
시안은 아이디어 개발 단계에서 사용되어 디자인 방향성을 결정하고, 클라이언트와의 소통을 위한 기초 자료로 활용된다.

24 다음 중 가장 높은 신뢰성과 짧은 매체 수명을 가지는 광고는?

① 프로모션 광고
② 라디오 광고
③ 신문광고
④ 잡지광고

해설
신문광고는 정보 전달 속도가 빠르고 독자가 광고를 직접 확인할 수 있어 높은 신뢰성을 가지지만, 매체 수명이 짧아 발행 후 빠르게 소비된다.

정답 19 ③ 20 ② 21 ③ 22 ④ 23 ② 24 ③

25 다음 중 잡지광고의 특징과 가장 거리가 먼 것은?

① 매체로서의 생명이 매우 짧다.
② 독자 간의 회람률이 높다.
③ 전국적으로 배포되므로 경제적이다.
④ 잡지 특성에 따라 특정한 독자층을 확보한다.

> **해설**
> 잡지광고는 매체 수명이 길고 독자 간의 회람률이 높으며, 특정한 독자층을 확보할 수 있는 특징이 있다.

26 포장디자인에 있어서 중요하게 고려해야 할 일반적인 사항으로 거리가 먼 것은?

① 보호성
② 심미성
③ 투명성
④ 전달성

> **해설**
> 포장의 주요 목적은 제품을 보호하고, 심미적 요소와 정보전달을 강조하는 것이기 때문에 투명성과는 거리가 멀다.

27 디자인의 유형 중 도시의 대형화, 고층화에 따라 원활한 소통을 위해 등장한 것은?

① 인쇄매체 – 카탈로그
② 청각적인 기호체계 – 전화
③ 전파매체 – 라디오
④ 사인 시스템 – 대형 광고판

> **해설**
> 도시의 대형화와 고층화에 따라 원활한 소통을 위해 등장한 디자인 유형인 사인 시스템은 사람들에게 방향을 안내하고 정보를 전달하는 역할을 한다.

28 편집디자인에서 레이아웃(Lay-out)이 갖추어야 할 기본 조건과 거리가 가장 먼 것은?

① 가독성
② 주목성
③ 조형성
④ 광고성

> **해설**
> 광고성은 특정 광고의 목적에 따른 요소로, 레이아웃의 기본 조건과 거리가 멀다.

29 그리드 레이아웃의 주요 장점은?

① 텍스트가 무작위로 배열된다.
② 디자인의 일관성과 정돈된 느낌을 제공한다.
③ 모든 요소를 동일한 크기로 만들 수 있다.
④ 레이아웃이 복잡해진다.

> **해설**
> 그리드 레이아웃은 디자인의 일관성과 정돈된 느낌을 제공하여 시각적으로 깔끔하고 명확한 구성을 만들어 준다.

30 다음 중 아트워크의 예로 적합하지 않은 것은?

① 포스터 디자인
② 제품 패키징 디자인
③ 스프레드시트 데이터
④ 웹사이트 배너

> **해설**
> 스프레드시트 데이터는 아트워크의 예로 적합하지 않으며, 포스터 디자인, 제품 패키징 디자인, 웹사이트 배너는 모두 아트워크의 예이다.

정답 25 ① 26 ③ 27 ④ 28 ④ 29 ② 30 ③

31 아트워크 제작 시 가장 중요한 단계는?

① 최종 출력물 인쇄
② 아이디어 구상 및 스케치
③ 색상 선택
④ 소프트웨어 설치

해설
아트워크 제작 시 아이디어 구상 및 스케치는 가장 중요한 단계로, 디자인의 방향성을 결정하는 기초가 된다.

32 타이포그래피에 관한 설명 중 옳지 않은 것은?

① 원래 활판인쇄를 가리키는 말이다.
② 손으로 직접 글자를 쓰는 것이다.
③ 글자에 의한 모든 커뮤케이션의 조형적 표현이다.
④ 가독성을 포함한다.

해설
타이포그래피는 글자의 디자인 및 배열을 의미하며, 활판인쇄를 비롯한 다양한 인쇄 및 디지털 형식에서 사용된다.

33 컬러 아트워크에서 '명도'의 의미는?

① 색상의 순도를 나타내는 정도
② 색상이 얼마나 밝거나 어두운지를 나타내는 정도
③ 색상이 가진 따뜻함이나 차가움을 나타내는 정도
④ 색상이 조화롭게 배열된 정도

해설
명도는 색상이 얼마나 밝거나 어두운지를 나타내며, 디자인의 시각적 인상에 큰 영향을 미친다.

34 다음 중 정보그래픽에서 자주 사용되는 시각적 요소는?

① 아이콘
② 패턴
③ 비디오 클립
④ 음악

해설
아이콘은 정보그래픽에서 자주 사용되는 시각적 요소로, 정보를 간결하게 전달한다.

35 아이덴티티 디자인 중 기본 시스템에 해당하지 않는 것은?

① 로고 타입
② 서체
③ 시그니처
④ 광고

해설
아이덴티티 디자인의 기본 시스템에는 로고 타입, 서체, 시그니처가 포함되며, 광고는 이러한 아이덴티티를 전달하는 수단이다.

36 기업의 이미지(시각적 특징) 통합을 광고 매체를 이용하여 불특정 다수의 사람들에게 표현하는 것은?

① CF
② BI
③ CI
④ DM

해설
CI는 기업의 시각적 아이덴티티를 체계적으로 관리하고, 브랜드의 인식을 강화하는 데 사용된다.

37 심벌(Symbol)의 종류 중 비교적 거리가 먼 것은?

① 로고 타입(Logotype)
② 픽토그램(Pictogram)
③ 컬러(Color)
④ 엠블럼(Emblem)

해설
컬러는 심벌의 요소로 사용되지만, 로고 타입, 픽토그램, 엠블럼은 모두 구체적인 심벌의 형태에 해당한다.

38 로고 활용에서 '일관성'의 중요성은?

① 다양한 스타일로 로고를 자주 변경할 수 있다.
② 브랜드 인지도를 높이고 소비자의 신뢰를 구축한다.
③ 로고의 의미를 무시할 수 있다.
④ 모든 매체에서 다르게 사용해야 한다.

해설
로고의 일관성은 브랜드 인지도를 높이고 소비자의 신뢰를 구축한다.

39 아이콘 중 '라인 아이콘' 스타일의 특징은?

① 다양한 색상을 사용하여 주목성을 높인다.
② 간결하고 세련된 느낌을 준다.
③ 복잡한 형식을 강조한다.
④ 대칭적인 구조로만 디자인된다.

해설
라인 아이콘 스타일은 간결하고 세련된 느낌을 주어, 깔끔하고 현대적인 느낌을 전달한다.

40 레이아웃 베리에이션을 적용할 때 가장 중요하게 고려해야 할 요소는?

① 디자인 요소의 일관성
② 다양한 색상 조합 사용
③ 복잡한 디자인 사용
④ 항상 새로운 레이아웃 적용

해설
레이아웃 베리에이션을 적용할 때는 디자인 요소의 일관성이 중요하며, 이는 브랜드 이미지와 메시지를 효과적으로 전달할 수 있다.

41 다음 색의 3속성에 대한 설명 중 옳은 것은?

① 두 색 중에서 빛의 반사율이 높은 쪽이 밝은 색이다.
② 색의 강약, 즉 포화도를 명도라고 한다.
③ 감각에 따라 식별되는 색의 종류를 채도라 한다.
④ 그레이스케일(Gray Scale)은 채도의 기준 척도로 사용된다.

해설
밝은색이 더 많은 빛을 반사하기 때문에 시각적으로 인식될 때 더욱 밝게 느껴진다.

42 색의 3속성 중 색의 강약, 맑기, 선명도를 의미하는 것은?

① 색상
② 채도
③ 명도
④ 농도

해설
채도는 색이 얼마나 강하고 선명한지를 나타내며, 채도가 높을수록 색이 더 맑고 선명하게 보인다.

정답 37 ③ 38 ② 39 ② 40 ① 41 ① 42 ②

43 색채 표준의 역할 중 옳은 것은?

① 브랜드 아이덴티티의 흐림
② 소비자와의 감정적 연결 감소
③ 다양한 매체에서의 색상 재현 보장
④ 디자인의 혼란 증가

> **해설**
> 색채 표준은 다양한 매체에서 색상이 일관되게 재현될 수 있도록 보장하여 브랜드의 신뢰성을 높인다.

44 가법혼색의 3원색과 그 혼합색에 관한 도표이다. A 부분에 적합한 색상은?

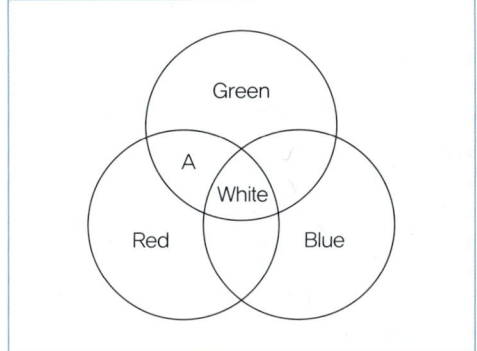

① Yellow   ② Cyan
③ Magenta   ④ Purple

> **해설**
> 가법혼색의 3원색인 Red, Green, Blue에서 A 부분에 적합한 색상은 Yellow이다. Red와 Green의 혼합으로 생성된다.

45 회전원판의 두 가지 이상 색이 혼합되어 평균치가 되는 혼색 방법은?

① 색광혼합   ② 계시혼합
③ 병치혼합   ④ 감법혼합

> **해설**
> 계시혼합은 여러 색상이 동시에 시각적으로 혼합되어 하나의 색으로 인식되는 현상이다.

46 배색의 효과 중 채도와 면적 간의 관계에 있어, 균형이 맞고 수수한 느낌이 들도록 배색하는 방법은?

① 저채도의 색을 좁은 면적에, 고채도의 색을 넓은 면적에 사용한다.
② 저채도의 색과 고채도의 색을 같은 크기의 면적에 사용한다.
③ 저채도의 색을 넓은 면적에, 고채도의 색을 좁은 면적에 사용한다.
④ 저채도의 색은 왼쪽에, 고채도의 색은 오른쪽에 사용한다.

> **해설**
> 저채도의 색을 넓은 면적에, 고채도의 색을 좁은 면적에 사용하면 균형 잡힌 수수한 느낌의 배색이 되어 시각적으로 안정감을 준다.

47 두 개 이상의 색을 보게 될 때, 때로는 색들끼리 서로 영향을 주어서 인접 색에 가까운 것을 느끼는 경우가 있다. 이러한 현상을 뜻하는 내용과 관련이 없는 것은?

① 동화 효과   ② 전파 효과
③ 혼색 효과   ④ 감정 효과

> **해설**
> 감정 효과는 색상이 감정이나 느낌에 미치는 영향을 나타내며, 색의 물리적 상호작용과는 관련이 없다.

48 먼셀의 색체계를 기초로 오메가 공간이라는 색입체를 설정하여 성립된 색채조화 이론은?

① 문·스펜서 색채조화론
② 오스트발트 색채조화론
③ 저드의 색채조화론
④ 비렌의 색채조화론

> **해설**
> 문·스펜서 색채조화론은 먼셀의 색체계를 기반으로 오메가 공간을 설정한 색채조화 이론으로, 색의 감성과 조화로운 배색 원리를 탐구한다.

정답 43 ③ 44 ① 45 ② 46 ③ 47 ④ 48 ①

49 병원 수술실에서 의사들이 청록색 가운을 입는 것은 색채의 어떤 현상을 방지하기 위한 것인가?

① 흥분
② 잔상
③ 대비
④ 심리적 압박

해설
청록색은 붉은색의 잔상이 나타나는 것을 줄여주어 의사들이 수술에 집중할 수 있도록 도와준다.

50 색조를 통해 조절할 수 있는 디자인 요소는?

① 디자인의 형태
② 시각적 질감
③ 디자인 색상의 깊이와 느낌
④ 텍스처의 종류

해설
색조는 디자인에서 색상의 깊이와 느낌을 조정하는 중요한 요소이다.

51 색감각을 일으키는 빛의 특성을 나타내는 색체계는?

① 혼색계
② 색 지각
③ 현색계
④ 등색상

해설
혼색계는 색 감각을 일으키는 빛의 특성을 나타내며, 색의 혼합과 그에 따른 색상 변화를 설명하는 체계이다.

52 색명에 관한 설명 중 가장 올바른 것은?

① 색명은 체계화되고 정확성을 가질 필요가 없다.
② 모든 색명은 인명 또는 지명에서 나온 것이다.
③ 색명의 어원은 모두 동물, 식물 등 자연을 대상으로 한다.
④ 색명은 크게 관용색명과 일반색명으로 구분된다.

해설
색명은 기본색명, 일반색명과 관용색명으로 나뉘며 기본색명은 빨강, 노랑, 초록 등 기본색상, 일반색명은 색상, 명도, 채도와 함께 사용되는 색상, 관용색명은 특정 문화에서 사용되는 색상 이름이다.

53 이미지 스케일에서 중요한 것은?

① 색상의 명도와 채도
② 색상 간의 감성적 상호관계
③ 이미지의 해상도
④ 색상의 개수

해설
이미지 스케일에서는 색상의 감성적 상호관계가 중요하며, 색의 명도와 채도보다 더 중시된다.

54 그래픽 중심의 사용자 인터페이스(GUI)를 사용한 최초의 퍼스널 컴퓨터는?

① Windows
② Macintosh
③ Indy
④ IBM PC

해설
Macintosh는 그래픽 중심의 사용자 인터페이스(GUI)를 최초로 도입한 개인용 컴퓨터로, 사용자가 더 직관적으로 컴퓨터를 조작할 수 있도록 하였다.

49 ② 50 ③ 51 ① 52 ④ 53 ② 54 ② **정답**

55 다음 중 실제 장면을 그대로 기록하는 시각 예술은?

① 판화
② 사진
③ 일러스트
④ 타이포그래피

> **해설**
> 사진은 실제 장면을 그대로 기록하는 시각 예술로, 현실을 있는 그대로 포착하여 전달하는 매체이다.

56 비트맵 이미지의 특징이 아닌 것은?

① 깊이 있는 색조와 부드러운 질감을 나타낼 수 있다.
② 이미지의 크기에 따라 출력에 영향을 준다.
③ 압축을 통해 해상도와 파일 크기의 조절이 가능하다.
④ 베지어 곡선의 오브젝트로 구성된다.

> **해설**
> 비트맵 이미지는 픽셀로 구성되며, 베지어 곡선은 벡터 이미지의 특성이다.

57 색체계에 따른 Color의 표현은 일반적으로 RGB, CMYK, HSB, HSV 등으로 표시한다. 컴퓨터그래픽스 프로그램에서 이러한 색체계를 선택하는 명령어는?

① Adjust
② Mode
③ Duplicate
④ Crop

> **해설**
> 컴퓨터그래픽스 프로그램에서 색상 모드는 'Mode' 명령어로 설정하며 'Adjust'는 색상과 밝기 등 이미지 조정, 'Duplicate'는 이미지 복제, 'Crop'은 이미지 자르기 기능이다.

58 포토샵에서의 레이어와 알파 채널 등을 모두 저장할 수 있는 파일 포맷은?

① JPG
② PSD
③ GIF
④ EPS

> **해설**
> PSD 형식은 포토샵의 다양한 기능을 활용하여 복잡한 이미지를 효과적으로 편집하고 저장할 수 있도록 설계되어 있다.

59 다음 중 컴퓨터의 이미지 입력 장치는?

① 이미지 세터
② 필름 레코더
③ 스캐너
④ 레이저 프린터

> **해설**
> 스캐너는 아날로그 이미지를 디지털 데이터로 변환하는 입력 장치이고, 이미지 세터, 필름 레코더, 레이저 프린터는 디지털 이미지를 출력하는 장치이다.

60 문자의 굵기, 장식적 변화, 폭, 높이 등을 바꾸어 다양화시킨 동일 계통의 서체 집합을 나타내는 용어는?

① 레터링(Lettering)
② 패밀리(Family)
③ 이니셜(Initial)
④ 타입페이스(Typeface)

> **해설**
> 서체 패밀리는 동일한 계통의 서체에서 굵기, 장식적 변화, 폭, 높이 등을 변화시킨 다양한 스타일의 집합이다.

정답 55 ② 56 ④ 57 ② 58 ② 59 ③ 60 ②

CHAPTER 03 적중예상 모의고사 3회

01 창의적인 아이디어 발상에서 문제를 다각적으로 분석하여 다양한 해결 방안을 도출하는 사고방식은?

① 수렴적 사고
② 연역적 사고
③ 확산적 사고
④ 귀납적 사고

해설
확산적 사고는 문제를 다양한 관점에서 분석하여 여러 해결책을 찾아내는 창의적인 사고방식이다.

02 다음 중 일반적으로 초기에 영역 구분과 구체성에 구애받지 않고 수행하는 발산적 아이디어 발상법은?

① 체크리스트법
② 브레인스토밍법
③ 시네틱스법
④ 탐색영역의 확대

해설
브레인스토밍법은 제한 없이 자유롭게 다양한 아이디어를 발산하는 방식이다.

03 브레인스토밍 회의기법의 원칙에 어긋나는 것은?

① 아이디어에 대한 비판 금지
② 자유로운 발언 추구
③ 하나의 새로운 아이디어만을 추구
④ 다른 아이디어와의 결합 및 개선

해설
브레인스토밍은 다양한 아이디어를 많이 제시하는 것이 중요하며, 하나의 아이디어에만 집중하는 것은 원칙에 어긋난다.

04 아이디어 구체화를 위한 자료 분석에서 가장 중요한 것은?

① 자료의 양
② 자료의 최신성
③ 자료의 신뢰성 및 타당성
④ 자료의 출처

해설
아이디어 구체화를 위해서는 정확하고 믿을 만한 자료가 아이디어의 실행 가능성을 높여준다.

05 디자인에서 이미지를 전달하기 위한 표현기법의 첫 단계는?

① 포토 리터칭(Photo Retouching)
② 모델링(Modeling)
③ 렌더링(Rendering)
④ 아이디어 스케치(Idea Sketch)

해설
아이디어 스케치는 이미지를 전달하기 위한 표현기법의 첫 단계로, 초기 아이디어를 빠르게 시각화하는 데 사용된다.

06 콤프 스케치를 만드는 데 있어서 가장 중요한 요소는?

① 시간 절약
② 세부적인 디테일과 구체성
③ 여러 아이디어를 빠르게 스케치하는 것
④ 시각적 구성의 대략적인 레이아웃

해설
콤프 스케치는 세부적인 디테일과 구체적인 표현을 통해 디자인을 보다 명확하게 전달하는 데 중점을 둔다.

정답 01 ③ 02 ② 03 ③ 04 ③ 05 ④ 06 ②

07 단순화된 스케치 방식의 장점은?

① 아이디어를 빠르고 명확하게 표현할 수 있다.
② 세부적인 디테일을 정확하게 표현할 수 있다.
③ 최종 결과물과 유사한 수준의 완성도를 보인다.
④ 색상과 질감을 실험할 수 있다.

해설
단순화된 스케치 방식은 복잡한 디테일보다는 아이디어를 신속하게 시각화하고 전달하는 데 장점이 있다.

08 비주얼 리터러시(Visual Literacy)의 정의로 옳은 것은?

① 이미지를 만드는 기술
② 이미지를 보고 이해하는 능력
③ 이미지를 감상하는 능력
④ 텍스트를 읽는 능력

해설
비주얼 리터러시는 이미지를 보고 그 의미를 이해하는 능력이다.

09 동일하지 않더라도 서로 닮은 형태의 모방, 종류, 의미, 기능끼리 연합하여 일반적 규칙을 갖는 조형의 원리는?

① 대비
② 대칭
③ 비례
④ 유사

해설
유사의 원리는 디자인에서 요소들 간의 관계를 통해 일관성을 주고, 시각적 조화를 이루도록 돕는다.

10 다음 중 이념적 형의 설명과 거리가 먼 것은?

① 이동하는 선의 자취가 면을 이룬다.
② 선은 면의 한계, 교차에서 볼 수 있다.
③ 그 자체만으로도 조형이 될 수 있다.
④ 개념적 요소로서 직접 지각하여 얻지 못하는 형태이다.

해설
이념적 형은 주로 개념이나 아이디어를 바탕으로 한 형태이기 때문에 그 자체만으로 조형이 될 수 없다.

11 게슈탈트 심리학의 창시자 베르트하이머(M. Wertheimer)가 제창한 형태 변화 법칙의 요인과 거리가 먼 것은?

① 근접성의 요인
② 유사성의 요인
③ 연속성의 요인
④ 심미성의 요인

해설
형태 변화 법칙은 주로 근접성, 유사성, 연속성, 폐쇄성과 같은 지각적 원리를 포함하며, 심미성은 이 법칙의 요인으로 적합하지 않다.

12 장식적 형태로서 면의 한계 또는 교차에 의해 나타나는 것은?

① 점
② 선
③ 면
④ 입체

해설
장식적 형태로서 면의 한계 또는 교차에 의해 나타나는 것은 선이다. 선은 면의 경계를 정의하고, 면이 교차할 때 새로운 형태를 만든다.

13 면은 공간을 구성하는 단위이며, 공간 효과를 나타내는 중요한 요소이다. 다음 중 적극적인 면(Positive Plane)은 어느 것인가?

① 점의 밀집
② 선의 집합
③ 점의 확대
④ 입체화된 선

> **해설**
> 점의 확대는 공간에서의 면을 구성하고, 적극적인 면(Positive Plane)으로 작용한다.

14 콘셉트 키워드 도출 시 가장 효과적인 방법은?

① 키워드 맵 만들기
② 일기 쓰기
③ 이메일 보내기
④ 자료 복사하기

> **해설**
> 키워드 맵은 관련된 개념을 시각적으로 정리하고 연결할 수 있어 창의적인 아이디어를 도출하는 데 도움을 준다.

15 다음 중 키워드 중심의 아이데이션 구체화 단계의 올바른 순서는?

① 러프 스케치 → 아이디어의 시각적 구체화 → 비주얼 아이데이션 모티프의 확장
② 비주얼 아이데이션 모티프의 확장 → 아이디어의 시각적 구체화 → 러프 스케치
③ 아이디어의 시각적 구체화 → 러프 스케치 → 비주얼 아이데이션 모티프의 확장
④ 러프 스케치 → 비주얼 아이데이션 모티프의 확장 → 아이디어의 시각적 구체화

> **해설**
> 키워드 중심의 아이데이션 구체화 단계의 올바른 순서는 러프 스케치 → 아이디어의 시각적 구체화 → 비주얼 아이데이션 모티프의 확장이다. 이 순서는 초기 아이디어를 빠르게 시각화한 후 아이디어를 더 구체화하고 관련된 모티프를 확장하는 과정을 잘 나타낸다.

16 젊고 건강하고 판단력 있는 사람뿐만 아니라 어린이나 노인, 장애인도 사용할 수 있도록 디자인하는 것을 의미하는 것은?

① 멀티미디어 디자인
② 공간 디자인
③ 유니버설 디자인
④ 공공 디자인

> **해설**
> 유니버설 디자인은 모든 사용자가 접근하고 사용할 수 있도록 고려된 디자인 접근법이다.

17 의미하는 내용의 형태를 상징적으로 시각화한 것으로 언어를 초월해서 직감적으로 이해할 수 있도록 만들어진 그래픽 심벌을 무엇이라고 하는가?

① 로고 타입(Logotype)
② 타이포그래피(Typography)
③ 픽토그램(Pictogram)
④ 일러스트레이션(Illustration)

> **해설**
> 픽토그램은 주로 정보전달이나 방향 안내를 위해 사용되며, 단순화된 형태로 표현되어 사용자가 쉽게 인식하고 해석할 수 있다. 국제적으로 통용되므로 다양한 문화적 배경을 가진 사람들이 빠르게 이해할 수 있는 장점이 있다.

18 다음과 같은 그림을 지칭하는 용어는?

① 픽토그램　　② 캐릭터
③ 심벌마크　　④ 사인

> **해설**
> 위의 그림은 의미를 상징적으로 시각화한 그래픽 심벌로, 픽토그램이라 한다.

19 시안의 주요 목적은?

① 최종 디자인을 완성하기 위해
② 아이디어를 시각적으로 표현하기 위해
③ 데이터를 분석하기 위해
④ 프로젝트의 예산을 계산하기 위해

해설
시안은 디자인 아이디어를 구체화하고, 클라이언트나 팀과의 소통을 원활하게 하기 위해 사용된다.

20 다음 중 신문광고 매체의 특성과 거리가 먼 것은?

① 신뢰성
② 전문성
③ 편의성
④ 단축성

해설
신문광고는 신뢰성과 전문성을 갖추고 있지만, 단축성은 주로 방송 매체와 관련된 특성으로, 신문광고에는 적용되지 않는다.

21 전단(傳單) 또는 핸드빌이라고도 하며 낱장으로 되어 있는 광고 매체는?

① 브로슈어
② 카탈로그
③ 리플릿
④ 팸플릿

해설
리플릿은 전단 또는 핸드빌이라고 불리며, 한 장 또는 여러 장이 접힌 형태로 제작된다. 주로 이벤트 홍보나 제품 소개에 사용되며, 소비자에게 직접적인 메시지를 효과적으로 전달한다.

22 다음 중 포장디자인의 요건과 거리가 먼 것은?

① 정보 전달에 충실해야 한다.
② 항상 고급스러워야 한다.
③ 고객의 관심을 끌어야 한다.
④ 구매 충동이 일어나도록 디자인되어야 한다.

해설
포장디자인은 기능성, 정보전달, 고객의 관심 유도 등 다양한 요건을 충족해야 하며, 고급스러움은 상황에 따라 선택적으로 적용될 수 있다.

23 편집디자인에서 조형 요소의 시각적 질서와 일관성을 유지하기 위해 설정하는 구분선은?

① 폴리오
② 세네카
③ 레이아웃
④ 그리드

해설
그리드는 페이지 레이아웃을 조직하고 요소 간의 균형을 유지하여 디자인의 통일성을 높이고 정보를 명확하게 전달한다.

24 다음 중 시안 디자인의 주요 요소가 아닌 것은?

① 이미지
② 타이포그래피
③ 레이아웃
④ 시간

해설
시안 디자인의 주요 요소로 이미지, 타이포그래피, 레이아웃, 색상 등을 포함하며, 시간은 디자인 일정과 관련된 개념이다.

정답 19 ② 20 ④ 21 ③ 22 ② 23 ④ 24 ④

25 타이포그래피의 심미적 요건 중 가장 중요한 요소는?

① 색상
② 가독성
③ 서체의 크기
④ 배경 이미지

> **해설**
> 가독성은 타이포그래피의 중요한 요소로, 독자가 텍스트를 쉽게 읽을 수 있도록 돕는다.

26 다음 중 컬러 아트워크에서 '대비 색상'의 주된 역할은?

① 색상이 서로 조화를 이루도록 한다.
② 시각적 관심을 끌고 요소를 강조하기 위해 사용한다.
③ 색상의 명도만 조정한다.
④ 특정 감정을 숨기기 위해 사용한다.

> **해설**
> 대비 색상은 시각적 관심을 끌고 특정 요소를 강조하는 데 중요한 역할을 하며, 디자인의 효과를 극대화한다.

27 다음 중 정보그래픽의 특징으로 옳은 것은?

① 정보를 텍스트 중심으로 전달한다.
② 시각적 요소와 텍스트가 동등한 비율로 사용된다.
③ 정보체계를 쉽고 명확하게 이해할 수 있도록 시각화하여야 한다.
④ 정보의 정확성보다 창의적인 디자인이 우선시 된다.

> **해설**
> 정보그래픽은 복잡한 데이터의 정보를 시각적으로 쉽게 이해하고 명확하게 전달할 수 있도록 텍스트보다는 그래픽 요소가 주로 사용된다.

28 통일된 이미지를 소비자에게 전달하기 위해 가장 고려해야 하는 것은?

① 일러스트레이션
② 브랜드 네임
③ 셀링 포인트
④ 브랜드 아이덴티티

> **해설**
> 브랜드 아이덴티티는 브랜드의 시각적·정서적 요소를 통합하여 일관된 이미지를 형성하는 데 중요한 역할을 한다.

29 플렉서블 아이덴티티를 구축할 때 고려해야 할 요소는?

① 소비자 요구의 변화
② 단일한 디자인 원칙
③ 기존의 브랜드 아이덴티티 무시
④ 모든 색상 사용

> **해설**
> 플렉서블 아이덴티티(Flexible Identity)를 구축할 때, 소비자 요구의 변화를 고려해야 한다. 이는 다양한 디자인 요소를 활용해 소비자와의 연결을 강화하는 데 도움을 준다.

30 현재 사용되는 그래픽 심벌의 모체가 된 것은?

① 아이소 타입
② 다이어그램
③ 로고 타입
④ 타이포그래피

> **해설**
> 아이소 타입은 의미를 시각적으로 간단하게 표현하여 직관적으로 이해할 수 있도록 설계된 그래픽 심벌의 기초가 된다.

정답 25 ② 26 ② 27 ③ 28 ④ 29 ① 30 ①

31 다음 중 편집 디자인의 형태별 분류 중 스프레드 스타일(Spread Style)에 속하는 것은?

① 잡지, 사보, 사진
② 일간신문, 카탈로그, 팸플릿
③ 안내장, 레터헤드, DM
④ 단행본, 브로슈어, 명함

> **해설**
> 스프레드 스타일은 두 페이지 이상을 연결하여 정보를 전달하는 형식으로, 주로 일간신문과 카탈로그에서 사용된다.

32 레이아웃 베리에이션에서 '그리드 시스템'의 역할은?

① 레이아웃을 비대칭적으로 만드는 것
② 일관된 구조와 조화를 제공하는 것
③ 모든 요소를 임의로 배치하는 것
④ 디자인의 복잡성을 증가시키는 것

> **해설**
> 그리드 시스템은 레이아웃에 일관된 구조와 조화를 제공하여 디자인의 안정성을 높인다.

33 색의 3속성에 대한 설명으로 옳지 않은 것은?

① 색의 3속성은 색상, 명도, 채도이다.
② 모든 색상은 2가지 색상이 혼합된 것처럼 지각된다.
③ 시감 반사율의 고저에 따라 명도가 달라진다.
④ 진한 색과 연한 색, 흐린 색과 맑은 색 등은 모두 채도의 높고 낮음을 가리키는 말이다.

> **해설**
> 모든 색상이 혼합된 것으로 지각되는 것은 아니며, 색상은 기본 색상 또는 단일 색으로도 인식될 수 있다.

34 색의 3속성을 3차원 공간에 계통적으로 배열한 것은?

① 색상 띠
② 그라데이션
③ 스펙트럼
④ 색입체

> **해설**
> 색입체는 색상, 명도, 채도를 축으로 하여 색상을 공간적으로 표현하는 모델이다.

35 CIE L*a*b* 색 공간에서 'L' 값은 무엇인가?

① 색상의 채도
② 색상의 밝기
③ 색상의 위치
④ 색상의 대비

> **해설**
> CIE L*a*b* 색 공간에서 'L' 값은 색상의 밝기를 나타내며, 0은 검정, 100은 흰색을 의미한다.

36 감법혼색에 대한 설명 중 옳지 않은 것은?

① 순색에 회색을 섞으면 채도가 낮아진다.
② 검정을 쓰지 않고도 무채색을 만들 수 있다.
③ 순색에 회색을 섞으면 명도는 변하지만 채도는 변화가 없다.
④ 순색에 검정을 섞으면 명도와 채도가 낮아진다.

> **해설**
> 순색에 회색을 섞으면 명도가 변하고 채도도 낮아진다.

정답 31 ② 32 ② 33 ② 34 ④ 35 ② 36 ③

37 혼색에 대한 설명 중 옳지 않은 것은?

① 혼색은 색 자극이 변하면 색채감각도 변하게 된다는 대응 관계에 근거하는 것이다.
② 물체색으로 두 개 이상의 색 표를 회전원판 위에 적당한 비례의 넓이로 붙여 빠른 속도로 회전시키는 경우를 회전혼색이라고 한다.
③ 우리 눈에 서로 다른 색 자극이 차례로 돌아와 망막 상에서 혼합되는 경우를 계시혼색이라 한다.
④ 서로 다른 색 자극을 조밀하게 접근시켜 주는 방법에 의한 경우를 감법혼색이라 한다.

해설
감법혼색은 색의 채도를 낮추는 방식으로, 일반적으로 색상을 혼합할 때 검정이나 회색을 추가하는 것을 의미하며 ④는 가법혼색의 정의이다.

38 보색이 아닌 색을 서로 배색시켰을 때 반대색 방향으로 변하는 것처럼 보이는 대비효과는?

① 명도대비　② 색상대비
③ 보색대비　④ 계시대비

해설
색상대비는 서로 다른 색이 함께 사용될 때 각 색의 느낌이 서로 영향을 미쳐 나타나는 효과이다. 반면, 계시대비는 색이 서로 영향을 미쳐 색의 밝기나 명도가 변하는 경우에 적용된다. 두 개념을 혼동하지 않도록 주의해야 한다.

39 주위의 색과 명도, 색상, 채도의 차를 크게 주어 배색하였을 때 나타나는 가장 큰 효과는?

① 색의 주목성　② 색의 경중성
③ 색의 한난성　④ 색의 음양성

해설
색의 주목성은 강한 대비를 통해 시각적으로 눈에 잘 띄게 만들어, 주의를 끌게 하는 효과이다.

40 난색 계통의 채도가 높은 색에서 느낄 수 있는 감정은?

① 흥분
② 진정
③ 둔함
④ 우울

해설
난색은 일반적으로 따뜻하고 에너지를 주는 느낌을 주어 흥분이나 활력을 느끼게 한다.

41 색채이미지에 따라 따뜻하고 차갑게 느껴지는 감정을 유발하는 지각 및 감정 효과는?

① 유목성
② 온도감
③ 상징성
④ 연상성

해설
온도감은 색상에 따라 사람에게 따뜻함이나 차가움을 느끼게 한다.

42 계절과 색 감정을 연결해 놓은 것으로 옳지 않은 것은?

① 겨울 – 하늘은 희끄무레한 회색이 감도는 색조
② 가을 – 산과 들은 크롬 옐로
③ 여름 – 나무의 색은 노란색이나 갈색
④ 봄 – 화초는 연한 자색 또는 벚꽃색

해설
여름에는 일반적으로 푸른색이나 짙은 녹색의 나무색이 느껴지는 것이 더 적합하며, 노란색이나 갈색은 가을에 어울린다.

37 ④　38 ②　39 ①　40 ①　41 ②　42 ③　**정답**

43 색채의 심리적 현상과 거리가 먼 것은?

① 온도
② 무게
③ 감정
④ 질감

해설

색채는 감정, 온도와 색상이 가진 무게감도 심리적으로 영향을 미치지만, 물리적 특성인 질감은 심리적 현상과 관계가 없다.

44 붉은 색채의 실내에서 시간이 길게 느껴지는 것처럼 색의 속도감을 강조한 사람은?

① 비렌
② 문·스펜서
③ 먼셀
④ 저드

해설

비렌은 색의 감정적 및 심리적 영향을 연구하여 특정 색이 사람의 감정이나 인식에 미치는 영향을 설명하였다.

45 어두운 곳에서 빨간 불꽃을 돌리면 길고 선명한 빨간 원을 볼 수 있다. 어떤 현상 때문인가?

① 색의 연상
② 부의 잔상
③ 정의 잔상
④ 동화 현상

해설

정의 잔상은 눈에 특정 색이나 이미지를 계속해서 자극할 때, 그 이미지가 지속적으로 보이는 현상을 의미한다.

46 PCCS 색채 체계에서 사용되는 두 가지 주요 요소는?

① 색상과 온도
② 명도와 채도
③ 밝기와 반사율
④ 온도와 질감

해설

PCCS에서 주요 요소는 명도(색의 밝기)와 채도(색의 순수함)이다. 이 체계는 색을 더 구체적으로 분류한다.

47 먼셀 표색계에서 색의 밝고 어두운 정도를 나타내는 기본적인 명도 단계는?

① 1~5
② 1~12
③ 0~10
④ 0~14

해설

먼셀 표색계의 명도는 총 11단계로 구성되어 있으며, 0부터 10까지의 숫자로 표현된다. 0은 완전한 어둠을 나타내고, 10은 가장 밝은색을 의미한다.

48 다음 중 현색계에 대한 설명으로 옳지 않은 것은?

① 정확한 측정을 할 수 있다.
② 지각적으로 일정하게 배열되어 잇다.
③ 먼셀 표색계가 대표적이다.
④ 사용하기가 쉽다.

해설

현색계는 색의 지각적 특성을 바탕으로 하므로, 색의 정확한 측정을 제공하지 않는다.

정답 43 ④ 44 ① 45 ③ 46 ② 47 ③ 48 ①

49 오스트발트 색체계에 대한 설명으로 옳은 것은?

① Yellow의 보색은 Turquoise이다.
② 색상번호–흑색량–백색량의 순서로 색을 표기한다.
③ 어떤 색의 보색은 반드시 그 색의 열 번째에 있다.
④ 색상환은 헤링의 4원색설을 기본으로 한다.

해설
오스트발트 색체계는 색상환을 헤링의 4원색설에 기반하여 구성하며, 색상번호, 백색량, 흑색량의 순서로 색을 표기해 색의 특성을 명확하게 구분한다.

50 다음 중 관용색명이 아닌 것은?

① 회황색
② 라일락색
③ 병아리색
④ 프러시안 블루

해설
관용색은 보편적으로 사용되는 색상 이름을 의미한다. 회황색은 회색과 노란색이 혼합된 색을 나타내며, 일반적으로 관용색명으로 사용되지는 않는다.

51 색의 삼속성에 따라 분류하여 표현하는 색이름은?

① 관용색명
② 고유색명
③ 순수색명
④ 계통색명

해설
계통색명은 색의 삼속성(색상, 명도, 채도)에 따라 분류하여 표현하는 색이름이다.

52 I.R.I 이미지 스케일의 목적으로 알맞은 것은?

① 색채의 물리적 특성 측정
② 색상의 개수 파악
③ 감성적인 색채 분석 및 디자인의 정확성 향상
④ 사진의 해상도 조절

해설
I.R.I 이미지 스케일은 감성적인 색채 분석과 디자인의 객관성 및 정확성을 높인다.

53 컴퓨터그래픽스에 대한 설명 중 옳지 않은 것은?

① 컴퓨터 처리에 의해 만들어진 화상이나 그를 위한 기술 그래픽 디자인인 2D 작업만을 의미한다.
② 표현기법에는 색채표현이나 좌표변환 외에 물체를 수치 데이터로 표현하는 형상 모델 등 많은 처리 기법이 있다.
③ 그래픽 디스플레이에는 도형을 점의 집합으로 표시하는 래스터식과 좌표상의 도형으로 표시하는 벡터식이 있다.
④ 컴퓨터그래픽스의 환경은 컴퓨터 본체와 화상을 표시하는 그래픽 디스플레이, 대화형으로 조작하는 조이스틱이나 주변장치 및 그 소프트웨어로 이루어진다.

해설
컴퓨터그래픽스는 2D 작업뿐만 아니라 3D 작업과 다양한 기법도 표현한다.

54 책이나 잡지에 삽입되어 내용을 보충하고 설명하는 시각적 요소는?

① 타이포그래피
② 일러스트레이션
③ 인포그래픽
④ 음악

해설
일러스트레이션은 내용을 시각적으로 표현하여 이해를 돕고, 시각적 관심을 끌어주는 역할을 한다.

정답 49 ④ 50 ① 51 ④ 52 ③ 53 ① 54 ②

55 해상도에 대한 설명으로 옳지 않은 것은?

① 한 화면을 구성하고 있는 화소 수를 말한다.
② 해상도는 가로와 세로의 화소 수로 나타낸다.
③ 모니터 해상도가 높아지면 글자도 크게 보인다.
④ 벡터 그래픽스 프로그램에서는 해상도를 설정할 필요가 없다.

해설
해상도가 높아지면 글씨가 더 선명하게 보이지만, 글자 크기는 변하지 않는다. 크기는 화면 크기와 확대/축소 설정에 따라 달라진다.

56 컴퓨터그래픽을 활용하여 제작한 이미지를 인쇄하고자 할 때 사용하는 인쇄의 4원색은?

① CMYB(Cyan, Magenta, Yellow, Blue)
② CMYK(Cyan, Magenta, Yellow, Black)
③ RGBY(Red, Green, Blue, Yellow)
④ RGBK(Red, Green, Blue, Black)

해설
CMYK는 인쇄에 사용되는 4원색으로, 시안(Cyan), 마젠타(Magenta), 노랑(Yellow), 검정(Black)으로 구성된다. 인쇄 시 색료의 혼합을 통해 다양한 색상을 표현한다.

57 24비트 컬러 중에서 정해진 256컬러의 컬러 표를 사용하는 단일 채널 이미지는?

① CMYK 모드
② RGB 모드
③ Indexed 모드
④ Gray Scale 모드

해설
Indexed 모드는 24비트 컬러를 사용하되, 256컬러로 제한된 색상 팔레트를 기반하여 메모리 사용을 최적화하고 파일 크기를 줄인다.

58 검정과 흰색의 이미지로 구성되어 있으며 선택된 영역이 합성되지 않도록 막아주는 마스크 역할을 하는 것은?

① 레이어(Layer)
② 알파 채널(Alpha Channel)
③ Z 버퍼(Z-buffer)
④ 히스토그램(Histogram)

해설
알파 채널은 이미지의 투명도를 조절하며, 선택된 영역이 합성되지 않도록 하는 마스크 역할을 한다.

59 빛의 반사를 통해 컴퓨터가 인식하는 숫자로 이미지를 전환하는 역할을 하는 입력장치는?

① 마우스
② 스캐너
③ 터치스크린
④ 키보드

해설
스캐너는 이미지를 빛의 반사를 통해 컴퓨터가 인식하는 숫자로 전환하는 역할을 한다.

60 타이포그래피에서 자간을 늘리는 주된 목적은?

① 글자의 두께를 조정하기 위해
② 글자와 글자 사이의 가독성을 높이기 위해
③ 글자를 중앙 정렬하기 위해
④ 글자의 색상을 강조하기 위해

해설
자간을 늘리면 글자와 글자 사이의 가독성을 높일 수 있다.

SDEDU
합격의 공식
시대에듀

인생의 실패는 성공이 얼마나 가까이
있는지도 모르고 포기했을 때 생긴다.

– 토마스 에디슨 –

좋은 책을 만드는 길, 독자님과 함께하겠습니다.

유선배 컴퓨터그래픽기능사 필기 합격노트

초 판 발 행	2025년 04월 15일 (인쇄 2025년 02월 26일)
발 행 인	박영일
책 임 편 집	이해욱
저 자	김가은
편 집 진 행	노윤재 · 한주승
표지디자인	김도연
편집디자인	김예슬 · 고현준
발 행 처	(주)시대고시기획
출 판 등 록	제10-1521호
주 소	서울시 마포구 큰우물로 75 [도화동 538 성지 B/D] 9F
전 화	1600-3600
팩 스	02-701-8823
홈 페 이 지	www.sdedu.co.kr

I S B N	979-11-383-8798-9 (13000)
정 가	19,000원

※ 이 책은 저작권법의 보호를 받는 저작물이므로 동영상 제작 및 무단전재와 배포를 금합니다.
※ 잘못된 책은 구입하신 서점에서 바꾸어 드립니다.

유선배 과외!

자격증
다 덤벼!
나랑 한판 붙자

- ✓ 혼자 하기 어려운 공부, 도움이 필요한 학생들!
- ✓ 체계적인 커리큘럼으로 공부하고 싶은 학생들!
- ✓ 열심히는 하는데 성적이 오르지 않는 학생들!

유튜브 **무료 강의** 제공
핵심 내용만 쏙쏙! 개념 이해 수업

[자격증 합격은 유선배와 함께!]

맡겨주시면 결과로 보여드리겠습니다.

| SQL개발자 (SQLD) | 컴퓨터그래픽 기능사 | 웹디자인 개발기능사 | 사무자동화 산업기사 | GTQ 포토샵 / GTQ 일러스트 | 경영정보시각화 능력 |

대한민국 모든 시험 일정 및 최신 출제 경향·신유형 문제

꼭 필요한 자격증·시험 일정과 최신 출제 경향·신유형 문제를 확인하세요!

출제 경향·신유형 문제

시험 일정 안내

◀ 시험 일정 안내 / 최신 출제 경향·신유형 문제 ▶

- 한국산업인력공단 국가기술자격 검정 일정
- 자격증 시험 일정
- 공무원·공기업·대기업 시험 일정

합격의 공식
시대에듀